新媒体科学教育丛书

结构化学
Structural Chemistry

李新义 徐奇智 吴茂乾 储松苗／著

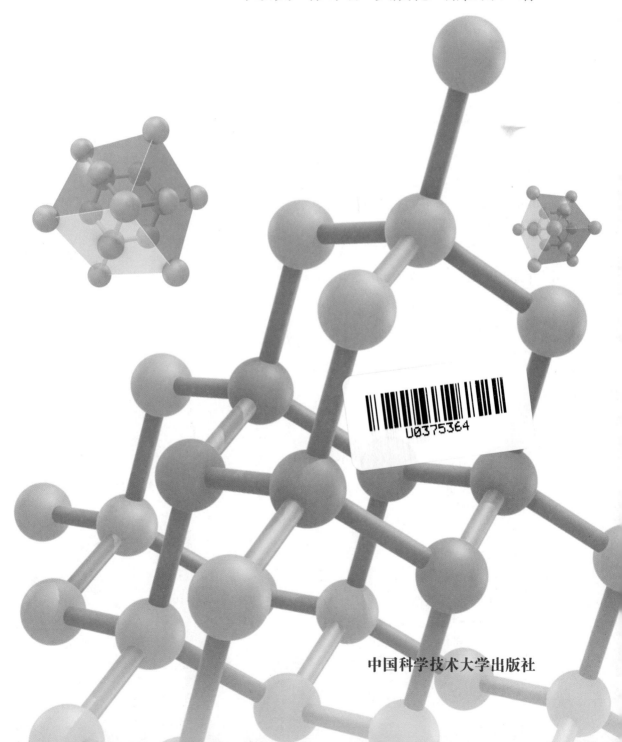

中国科学技术大学出版社

内容简介

本书是以化学新课程标准为依据，以化学学科核心素养为目标，深度应用可动态交互的AR、互动微件、三维动画等新媒体技术，采用可视化教学和沉浸式学习，融合科学性、教育性与艺术性，兼具探究性、互动性和趣味性的化学可视化教学用书。

本书分为原子结构与性质、分子结构与性质和晶体结构与性质三个部分，其主要特色是从微观上探析物质结构，通过模型认知化学原理，利用新媒体技术阐述物质的微观结构与宏观性质的相互关系。

图书在版编目（CIP）数据

结构化学/李新义等著.—合肥：中国科学技术大学出版社，2018.4（2024.7重印）
（新媒体科学教育丛书）
ISBN 978-7-312-04440-3

Ⅰ.结…　Ⅱ.李…　Ⅲ.结构化学—中学—教学参考资料　Ⅳ.G634.83

中国版本图书馆CIP数据核字(2018)第047672号

出版	中国科学技术大学出版社
	安徽省合肥市金寨路96号，230026
	http://press.ustc.edu.cn
	https://zgkxjsdxcbs.tmall.com
印刷	安徽国文彩印有限公司
发行	中国科学技术大学出版社
经销	全国新华书店
开本	787 mm × 1092 mm　1/16
印张	8.25
字数	148千
版次	2018年4月第1版
印次	2024年7月第6次印刷
定价	58.00元

前 言

化学是在原子、分子水平上研究物质的组成、结构、性质、转化及其应用的一门基础学科，其特征是从微观层面认识物质，以符号形式描述物质，在不同层面创造物质。普通高中化学课程是重要的基础教育课程，是落实立德树人根本任务、发展素质教育、弘扬科学精神、促进学生化学学科核心素养形成和发展的重要载体。

新的化学课程标准明确了化学课程目标，其中包括：能运用符号表征物质及其变化；能从物质的微观层面理解其组成、结构和性质的联系；能根据物质的微观结构预测其在特定条件下可能具有的性质和发生的变化，并能解释其原因。学生通过学习结构化学，能从宏观、微观和符号三种角度认识物质及其变化，并建立"结构决定性质"的思想观念。本书在传达知识的基础上，深度应用新媒体技术，优化知识全新呈现方式，力图让学习变得更有趣、更高效、更容易，带给读者可视化与沉浸式学习的全新体验。本书以化学新课程标准为依据，以化学学科核心素养为目标，通过可动态交互的AR、互动微件、三维动画等新媒体技术，从原子、分子和晶体三种结构阐述物质的微观结构与宏观性质的相互关系，以促进学生发展"宏观辨识与微观探析""证据推理与模型认知"等化学学科素养。本书既适用于必修课程又适用于选择性必修课程，还在一定程度上对知识点进行了拔高，拓宽了学生视野，对学生参加化学学科竞赛也有一定的帮助。

科学探究是化学教育的灵魂。本书通过展现一系列赏心悦目的文字、图片、视频和互动微件，应用丰富多彩的新媒体素材，打造了一个充满互动式探究的动态学习平台，帮助学生不仅可以像科学家一样探究思考，而且能够更加透彻地理解很多错综复杂的化学现象与原理。

我们想带给读者的并不仅仅是书本上的知识，更是一种新媒体形态下的知识呈现。我们希望通过努力，能够解决现今化学教学中面临的一些棘手的问题，例如结构化学中微观结构学习的抽象性。并且，我们也希望读过此书的读者所感受到的结构化学不再是复杂的结构和枯燥的理论，而是丰富多彩的微观世界。

本书得到了蚌埠二中化学组老师的大力支持，安徽省教育科学研究院夏建华特级教师也给予了精心的指导，在此表示衷心的感谢！

在编写《结构化学》的过程中我们同时在思考：当今的教育环境最缺少的是什么？除了严谨的科学态度外，我们还应该怎样去保护学生的想象力和求知欲？科技的发展为我们所面临的困境提供了全新的解决思路，我们希望学生通过这种沉浸式的探究学习，能够插上想象的翅膀，在收获知识的同时，爱上学习与创造，这也是我们教育工作者的初衷和努力的意义。

作　者

2018 年 1 月

目 录

前言 ······ (Ⅰ)

第一章 原子结构与性质 ······ (1)

第一节 原子结构模型 ······ (1)
一、宇宙之初——原子的诞生 ······ (1)
二、原子学说的起源和追溯 ······ (2)
三、原子结构模型的发展历程 ······ (4)
四、电子云与原子轨道 ······ (9)
直通竞赛 ······ (13)
科学视野 ······ (15)

第二节 原子核外电子排布 ······ (16)
一、能层与能级 ······ (16)
二、构造原理 ······ (18)
三、能量最低原理、基态与激发态、原子光谱 ······ (19)
四、泡利原理和洪特规则 ······ (21)
五、电子排布式与电子排布图 ······ (21)
科学探究 ······ (23)

第三节 原子结构与元素的性质 ······ (25)
一、元素周期表 ······ (25)
二、元素周期律 ······ (28)
直通竞赛 ······ (35)

第二章 分子结构与性质 ······ (37)

第一节 共价键理论 ······ (37)
一、共价键 ······ (37)
直通竞赛 ······ (40)
二、键参数 ······ (45)
三、等电子原理 ······ (48)
直通竞赛 ······ (49)

第二节 分子的空间构型 ······ (50)
一、形形色色的分子 ······ (50)

科学视野 ·· (55)
　　二、价层电子对互斥理论 ··· (56)
　　直通竞赛 ·· (57)
　　三、杂化轨道理论 ·· (58)
　　直通竞赛 ·· (59)
　　四、配合物理论 ·· (64)

　第三节　分子的性质 ··· (65)
　　一、键的极性和分子的极性 ·· (65)
　　二、分子间作用力和氢键 ·· (68)
　　三、相似相溶规则和手性 ·· (71)
　　四、无机含氧酸分子的酸性 ·· (74)
　　直通竞赛 ·· (75)

第三章　晶体结构与性质 ··· (84)

　第一节　晶体的常识 ··· (84)
　　一、晶体与非晶体 ·· (84)
　　二、晶胞 ·· (88)

　第二节　分子晶体 ··· (89)
　　一、分子晶体概述 ·· (89)
　　二、分子密堆积 ·· (90)
　　科学视野 ·· (93)

　第三节　原子晶体 ··· (94)
　　一、原子晶体概述 ·· (94)
　　二、典型代表——金刚石 ·· (95)
　　三、金刚石的一种同素异形体——石墨 ································ (98)
　　直通竞赛 ·· (100)

　第四节　离子晶体 ··· (101)
　　一、离子晶体概述 ·· (101)
　　二、晶格能 ·· (103)
　　直通竞赛 ·· (106)

　第五节　金属晶体 ··· (114)
　　一、金属键 ·· (114)
　　直通竞赛 ·· (115)
　　二、金属晶体的原子堆积模型 ·· (115)
　　直通竞赛 ·· (121)
　　科学视野 ·· (123)

第一章 原子结构与性质

第一节 原子结构模型

一、宇宙之初——原子的诞生

现代大爆炸宇宙学理论认为宇宙诞生于一次大爆炸（big bang），构成现今宇宙的所有物质在爆炸前聚集在一个密度极大、温度极高的原始核中。由于某种原因，宇宙的原始核发生了大爆炸，宇宙物质均匀地分布到整个宇宙空间内。大爆炸后约 2 小时，宇宙中诞生了大量的氢、少量的氦和极少量的锂。其后，氢原子和氦原子凝集成星团，其他原子陆续诞生。由现今观察到的宇宙直径可以推算出来，宇宙的年龄已有约 140 亿年。氢仍然是宇宙中最丰富的元素，约占所有原子总数的 88.6%，氦的丰度约为氢的 1/8，它们合起来占宇宙原子总数的 99.7% 以上。至今，所有恒星，包括太阳，仍在合成元素，且所有的这些元素都是已知的。地球的年龄已有 46 亿年，地球上的元素绝大多数是金属元素，非金属（包括稀有气体）元素仅有 22 种。

宇宙大爆炸模拟图

二、原子学说的起源和追溯

1. 中国古代学者的观点

公元前 5 世纪，墨翟曾提出过物质微粒说，他称物质微粒为"端"，即不能再被分割的质点。战国时期，《庄子·天下篇》中提到了物质无限可分的思想："一尺之棰，日取其半，万世不竭。"我国古代学者能用思辨的方法提出这样的观点，是难能可贵的。

庄子

德谟克利特

2. 古希腊哲人的原子观

公元前4世纪，古希腊人德谟克利特提出了"原子"的概念，他认为这是一种不能再被分割的质点。古代的原子论者认为：一切物质都由最小粒子的原子组成，原子是不可分割的；原子是客观的、物质性的存在，它是永恒运动着的。德谟克利特和他的老师留基伯共同创立了古希腊的原子论，认为一切事物的本源是原子和虚无的空间，人的感觉器官所感觉到的自然界物质的多样性，都是由原子的多种排列和各种不同的结合方式产生的。

古代对物质结构奥秘的探索，只靠想象。当时自然科学还没有从哲学中分离出来，"原子"只是哲学上的猜想，没有实验根据。18～19世纪，原子学说处于创立和发展阶段，它解释了不少物理、化学现象。但是到了19世纪后期，由于科学的进一步发展，许多新的现象被发现，旧的原子学说无法解释，因而原子学说暴露出很多的缺陷。这是所有学说的共同发展规律。客观事物的本质是在人们的不断实践中被逐渐认识的，在更广泛和更深入的实践中，原来的理论就逐渐暴露出缺点并得到修正，科学朝着曙光继续前进。

三、原子结构模型的发展历程

人类对原子结构的认识经历了一个漫长的、不断深化的过程。

1. 道尔顿原子模型

早在公元前 400 年之前,古希腊哲学家就把构成物质的最小单位叫作原子,但直到 1803 年,英国科学家约翰·道尔顿(John Dalton)才把原子从一个扑朔迷离的哲学名词变为化学中具有确定意义的实在微粒,并建立了原子学说。道尔顿原子模型的基本观点是:

(1)原子是组成物质的基本粒子,它们是微小的、不可分割的实心球;

(2)不同的元素具有不同的原子,不同的原子具有不同的质量;

(3)化合物中的不同元素的原子数量比为简单的整数比。

道尔顿原子学说的建立,推动了近代化学的快速发展,道尔顿因此被誉为"近代化学之父"。

道尔顿(1766~1844)

AR | 实心球模型

2. 汤姆孙原子模型

英国科学家约瑟夫·约翰·汤姆孙（Joseph John Thomson）于1897年发现电子，从而否定了道尔顿原子模型。在此基础上，汤姆孙又于1904年提出了原子结构的"葡萄干布丁"模型：

（1）原子是一个平均分布着正电荷的粒子，其中镶嵌着电子，中和了正电荷；

（2）在受到激发时，电子会离开原子，产生阴极射线。

汤姆孙原子模型是第一个涉及亚原子结构的原子模型。

汤姆孙（1856～1940）

"葡萄干布丁"模型

3. 卢瑟福原子模型

汤姆孙的学生欧内斯特·卢瑟福（Ernest Rutherford）在 1906 年做了 α 粒子散射实验，否定了汤姆孙的"葡萄干布丁"模型。1911 年卢瑟福提出了原子结构的行星模型，他认为：

（1）原子的大部分体积是空的；

（2）原子核位于原子中心，体积极小但集中了原子的绝大部分质量；

（3）原子的全部正电荷在原子核内；

（4）带负电的电子按照一定轨道围绕原子核运动。

卢瑟福提出的原子模型像一个太阳系，带正电的原子核像太阳，带负电的电子像绕着太阳转的行星，支配它们之间的作用力是电磁相互作用力。

卢瑟福（1871～1937）

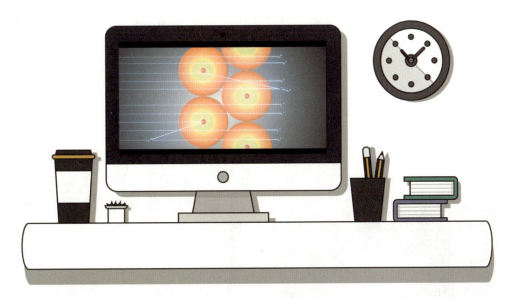

视频 | α粒子散射实验

4. 玻尔原子模型

1913 年，丹麦科学家尼尔斯·亨利克·戴维·玻尔（Niels Henrik David Bohr）在卢瑟福原子模型的基础上，进一步提出了核外电子分层排布的原子结构模型，解决了原子结构的稳定性问题，描绘出了完整而令人信服的原子结构。玻尔原子模型是现代科学史上具有革命性的理论模型之一。在玻尔原子模型中，电子不是随意占据在原子核的周围，而是在固定的轨道（orbit）上运动，每一个轨道都有特定的能量，低能轨道接近原子核，高能轨道远离原子核。电子从一个轨道跃迁到另一个轨道时，需要吸收或释放具有特定能量的光子，而光子的能量就是两个轨道之间的能量差。玻尔的量子轨道很好地解释了氢原子光谱，也为随后出现的路易斯化学键理论奠定了基础，1922 年玻尔因此获得诺贝尔物理学奖。

玻尔（1885～1962）

AR｜核外电子分层排布模型

5. 量子力学模型

玻尔的原子模型成功地解释了氢原子和其他单电子原子的某些性质，但其对多电子原子仍存在很大的局限性。到 20 世纪 20 年代中期，德布罗意、海森伯、薛定谔等著名科学家建立了量子力学理论，它成为现代科学研究微观原子世界的基础理论，使人们对于原子结构有了更深刻的认识，从而产生了原子结构的量子力学模型。量子力学用完美的数学公式描述了电子在原子核周围出现的概率，而原子轨道在量子力学中可以被视为具有特定属性的电子在空间中的概率分布。

薛定谔（1887～1961）

四、电子云与原子轨道

一个运动着的宏观物体的速度和它所处的位置是能够同时准确地确定的，即人能够追踪宏观物体的运动轨迹。但是，对于质量非常小、运动速度极快的微观粒子而言，人们不能准确地测定它的位置和速度。现代量子力学指出，不可能像描述宏观运动物体那样，确定一定状态的核外电子在某个时刻处于原子核外空间何处，而只能确定它在原子核外各处出现的概率（probability）。

为了形象地表示电子在原子核外空间的分布状况，人们常用单位体积内小点的疏密程度来表示电子在原子核外单位体积内出现概率的大小。下图"氢原子基态电子的概率分布图"是氢原子基态电子在空间出现的概率分布图，由图可知电子在原子核附近单位体积内出现的概率大，离核越远，单位体积内电子出现的概率越小。

微件 | 氢原子基态电子的概率分布图

氢原子基态电子的概率分布图是在一定时间间隔内电子在原子核外出现概率的统计，电子每出现一次，图中就增加一个小点，这可以想象成手持一架虚拟的高速照相机拍摄电子，然后把所有照片叠加在一起得到的图像。由此得到的概率分布图看起来像一片云雾，因而被形象地称为电子云（electron cloud）。

视频 | 电子云

为了描绘电子云的形状,人们通常把电子出现概率约为 90% 的空间圈出来,这样得到的电子云轮廓图称为原子轨道(atomic orbital)。原子中单电子的空间运动状态是用原子轨道来描述的,而原子轨道实际上是用函数来表示的。量子力学中轨道(orbital)的含义已与玻尔轨道(orbit)的含义完全不同,它既不是圆周轨道,也不是其他经典意义下的固定轨迹。

原子轨道的类型不同,其形状也随之不同,分别用 s、p、d、f 表示不同类型的原子轨道。

s 能级的原子轨道空间分布的图形是球形(原子核位于球心),能层序数 n 越大,原子轨道的半径就越大。

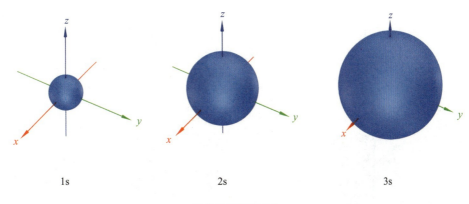

s 能级的原子轨道图

p 能级的原子轨道空间分布的图形是纺锤形,每个 p 能级有 3 个原子轨道,它们相互垂直,分别记为 p_x、p_y、p_z。p 原子轨道的平均半径也随能层序数增加而增大。

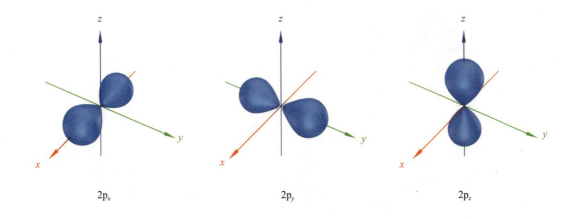

p 能级的原子轨道图

d 能级的原子轨道空间分布的图形是花瓣形，每个 d 能级有 5 个原子轨道，分别记为 d_{xy}、d_{xz}、d_{yz}、$d_{x^2-y^2}$、d_{z^2}。d 原子轨道的平均半径也随能层序数增加而增大。

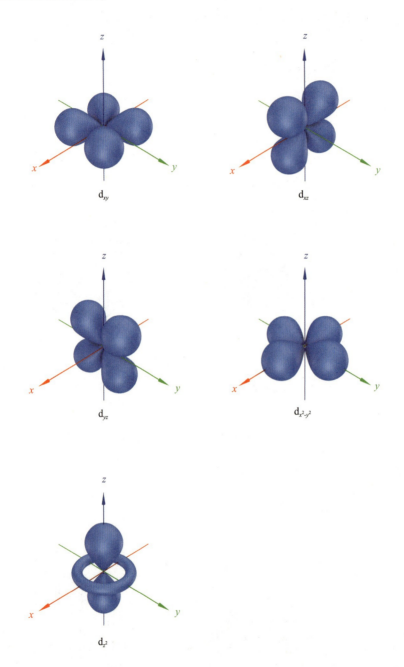

AR | d 能级的原子轨道图

直通竞赛

量 子 数

一个电子的原子轨道由四个因素决定,即主量子数(n)、角量子数(l)、磁量子数(m_l)和自旋量子数(m_s)。上述四个量子数是由薛定谔方程解出的四个参数。

1. 主量子数(n)

主量子数相当于通常所说的电子层数。电子层数有时用光谱学上的符号K、L、M、N、…表示,对应的n值分别为1,2,3,…。n值越大,电子离核越远,能量越高。主量子数决定着核外电子的能量。

2. 角量子数(l)

在同一电子层上电子的能量还有细微的差别,正如楼层之间的台阶一样,不同的台阶在核外电子排布中叫作亚层,用角量子数(l)来表示。

处于不同亚层上的电子,除能量稍有差别外,还表现为电子云形状的不同。不同形状的电子云常用s、p、d、f等表示。也就是说,在同一电子层中,可能有一种或几种电子云形状不同的原子轨道。因此角量子数主要决定了电子云的形状。若原子为多电子原子,角量子数还决定着核外电子的部分能量。

角量子数的取值为$l = 0, 1, \cdots, n-1$。例如,若主量子数n为1,则角量子数l为0,电子云形状只有一种,呈球形1s;若主量子数n为2,则角量子数l只能是0、1,电子云的形状有两种,一种呈球形2s,另一种呈纺锤形2p;若主量子数n为3,则角量子数l只能是0、1、2,电子云形状有三种,一种呈球形3s,一种呈纺锤形3p,一种呈花瓣形3d。其余类推。

3. 磁量子数 (m_l)

磁量子数决定着电子云的空间伸展方向。磁量子数（m_l）的数值，可以为 0、±1、±2、±3、…、±l，即 m_l 取值在 $-l \sim +l$ 之间，其伸展方向有 $2l+1$ 个。例如，对 s 亚层 $l=0$，因此 $m_l=1$，s 电子云呈球形，是对称的，没有方向，所以只有一个原子轨道；对 p 亚层 $l=1$，则 $m_l=2l+1=3$，因此 p 电子云呈哑铃形。

p 亚层电子云在空间内具有三个相互垂直的方向，所以有三个相同类型的原子轨道；同理，d 亚层 $l=2$，$m_l=5$，即 d 电子云呈花瓣形，它们在空间内具有五个不同的伸展方向和五个相同类型的原子轨道；f 亚层电子云在空间内具有七个不同伸展方向和七个相同类型的原子轨道。

对于 $2p_x$、$2p_y$、$2p_z$ 三个原子轨道，$3d_{z^2}$、$3d_{x^2-y^2}$、$3d_{xy}$、$3d_{xz}$、$3d_{yz}$ 五个原子轨道，尽管它们的电子云伸展方向不同，但它们的能量是相同的，因此称之为等价轨道或简并轨道。

4. 自旋量子数 (m_s)

原子中电子除了以高速在核外空间运动之外，还绕着各自的轴做两种不同方向的自旋，自旋量子数 m_s 表示电子本身的旋转方向，通常用 +1/2 和 -1/2 或向上、向下箭头表示电子的自旋方向。

综上所述，主量子数、角量子数和磁量子数决定着电子的原子轨道，而主量子数、角量子数、磁量子数和自旋量子数决定着电子的运动状态。

科学视野

人们之所以不能同时准确地测定微观粒子的位置和速度,是因为微观粒子具有一种奇妙的性质——波动性。

受到光既具有波动性又具有粒子性的事实的启发,法国物理学家德布罗意(de Broglie)提出了微观粒子具有波动性的观点。他在博士论文《关于量子理论的研究》中,将自由的微观粒子的运动与一个平面单色波联系在一起,而且指出表示粒子性的能量 E 和动量 P 与描述波动性的频率 ν 和波长 λ 之间的关系可以通过普朗克常数 h 联系起来:$E=h\nu$,$P=h/\lambda$。这个公式就是著名的德布罗意关系式。他将微观粒子的粒子性和波动性统一了起来。爱因斯坦对于德布罗意的观点给予了极高的赞誉,称赞他"揭开一幅大幕的一角"。

微观粒子具有波动性这个看似不可思议的观点后来得到了实验证实。

德布罗意(1892～1987)

第二节 原子核外电子排布

一、能层与能级

1. 能层（shell）

多电子原子的核外电子的能量是不同的，按电子能量的差异，可以将核外电子分成不同的能层，并相应地用符号 K、L、M、N、O、P、Q 表示。能层和能级所能容纳的最多电子数如表 1.1 所示。

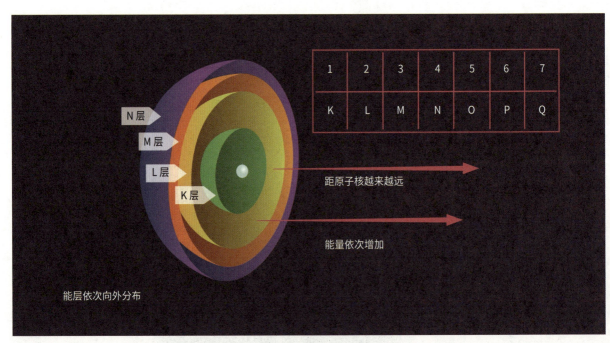

能层示意图

表1.1 能层和能级所能容纳的最多电子数

能层	K	L	M	N	O	…
能级	1s	2s 2p	3s 3p 3d	4s 4p 4d 4f	5s 5p …	…
最多容纳的电子数	2	2 6	2 6 10	2 6 10 14	2 6 …	…
	2	8	18	32	…	…

2. 能级（level）

在多电子原子中，同一能层的电子，其能量也可能不同，可以将它们分成不同的能级。在每一个能层中，能级符号的顺序是 ns，np，nd，nf，…（n 表示能层数）。任一能层的能级总是从 s 能级开始的，而且能级数等于该能层序数。

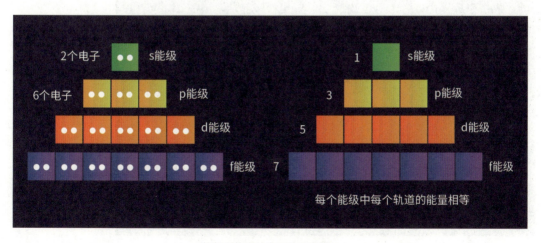

能级所能容纳电子数示意图

二、构造原理

科学家通过归纳大量的光谱事实得出如下结论：设想从氢原子开始，随原子核电荷数递增，原子核每增加一个质子，原子核外便增加一个电子，这些电子大多是按一定的能级顺序填充的，填满一个能级再填充一个新能级。这种规律称为构造原理（aufbau principle）。在下图"构造原理示意图"中，每个小圆圈表示一个能级，每一行对应一个能层，各圆圈连线的顺序表示随核电荷数递增而增加的电子填入能级的顺序。

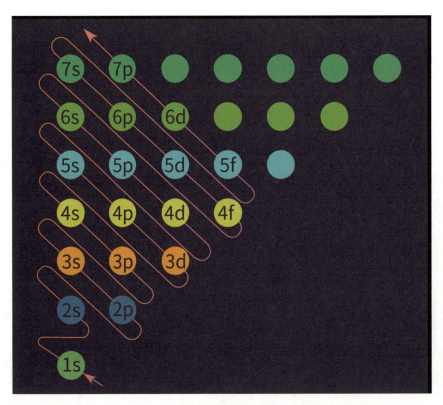

构造原理示意图

三、能量最低原理、基态与激发态、原子光谱

1. 能量最低原理

能量越低系统越稳定,这是自然界的普遍规律。原子核外电子的排布也遵循这一规律,电子在原子中所处的状态总是尽可能使整个体系的能量最低,这样的体系最稳定。因此,电子总是尽可能地先占据能量最低的轨道,然后按原子轨道近似能级图中的顺序依次向能量较高的能级上分布,我们将其称为能量最低原理。

2. 基态与激发态

原子中的电子可处于许多不同的运动状态,每一状态都具有一定能量,在一定条件下,分布在各个能级上的原子数是一定的,大多数原子处于能量最低状态,即基态。在基态原子的电子吸收能量后,电子会跃迁到较高能级,变成激发态原子。例如,电子可以从 1s 跃迁到 2s,2p,…。相反,电子从较高能量的激发态跃迁到较低能量的激发态乃至基态时,将释放能量。光(辐射)是电子释放能量的重要形式之一。在日常生活中,我们看到的许多可见光,如灯光、激光、焰火……都与原子核外电子发生跃迁释放能量有关。不同原子还原成基态原子时所释放出的能量不同,光的波长也不同,因此可以利用光谱分析法来检验原子。

3. 原子光谱

原子光谱是由原子中的电子在能量变化时所发射或吸收的一系列波长的光组成的光谱。原子吸收光源中部分波长的光形成吸收光谱,为暗淡条纹;发射光子时则形成发射光谱,为明亮彩色条纹。两种光谱都不是连续的,且吸收光谱条纹可与发射光谱条纹一一对应,每一种原子的光谱都不同,故称为特征光谱。不同元素的原子发生跃迁时会吸收或释放不同的光,可以用光谱仪摄取各种元素的电子的吸收光谱或发射光谱,总称原子光谱(atomatic spectrum)。原子光谱给出了原子中的能级分布、能级间的跃迁概率大小等信息,是原子结构的反映,光谱与结构之间存在着一一对应的内在联系。原子光谱是研究原子结构的重要方法。在现代化学中,常利用原子光谱上的特征谱线鉴定元素,这称为光谱分析(spectrum analysis)。

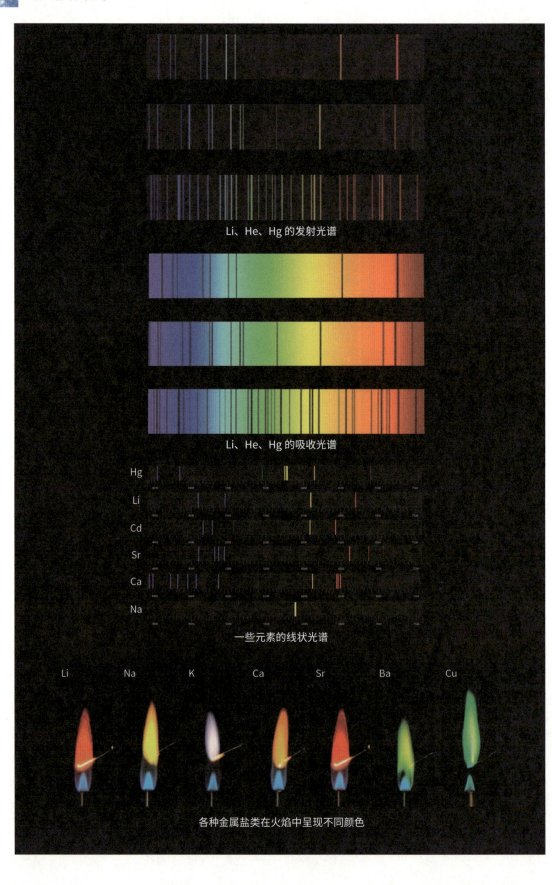

四、泡利原理和洪特规则

1. 泡利原理

1925年瑞士物理学家泡利（Pauli）研究得出如下结论：电子除空间运动状态外，还有一种状态叫作自旋。电子自旋有顺时针和逆时针两种状态，常用上、下箭头（↑、↓）表示自旋状态相反的电子。在一个原子轨道中，最多只能容纳两个自旋状态相反的电子，这称为泡利原理。

2. 洪特规则

1925年洪特（Hund）从大量光谱实验数据中总结出一条规律：对于基态原子，当电子排布在同一能级的不同轨道时，基态原子中的电子总是优先单独占据一个轨道并且自旋状态相同，这称为洪特规则。洪特规则后来得到量子力学计算的证明。根据洪特规则推断，在能量相同的原子轨道中，当电子排布为全充满（p^6、d^{10}、f^{14}）、半充满（p^3、d^5、f^7）和全空（p^0、d^0、f^0）状态时，体系能量较低且最稳定。

五、电子排布式与电子排布图

1. 电子排布式

电子排布式是表示原子核外电子排布的一种图示。按照能量最低原理能级进行排序，并在 ns、np、nd 等能级符号右上角用数字表示电子的数目。大量事实表明，在内层原子轨道上运动的电子能量较低，在外层原子轨道上运动的电子能量较高，因此一般化学反应只涉及外层原子轨道上的电子，这种电子称为价电子（valence electron）。元素的化学性质与价电子的数目密切相关，为了便于研究元素化学性质与核外电子之间的关系，人们通常只表示出原子的价电子排布。例如，基态铁原子的价电子排布式为 $3d^64s^2$。

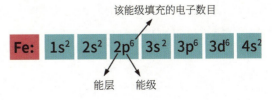

1~37号元素原子的电子排布式（部分省略）如表1.2所示。

表1.2 1~37号元素原子的电子排布式（部分省略）

原子序数	元素名称	元素符号	电子排布式				
			K	L	M	N	O
1	氢	H	$1s^1$				
2	氦	He	$1s^2$				
3	锂	Li	$1s^2$	$2s^1$			
4	铍	Be	$1s^2$	$2s^2$			
5	硼	B	$1s^2$	$2s^22p^1$			
……							
10	氖	Ne	$1s^2$	$2s^22p^6$			
11	钠	Na	$1s^2$	$2s^22p^6$	$3s^1$		
12	镁	Mg	$1s^2$	$2s^22p^6$	$3s^2$		
13	铝	Al	$1s^2$	$2s^22p^6$	$3s^23p^1$		
……							
18	氩	Ar	$1s^2$	$2s^22p^6$	$3s^23p^6$		
19	钾	K	$1s^2$	$2s^22p^6$	$3s^23p^6$	$4s^1$	
20	钙	Ca	$1s^2$	$2s^22p^6$	$3s^23p^6$	$4s^2$	
21	钪	Sc	$1s^2$	$2s^22p^6$	$3s^23p^63d^1$	$4s^2$	
……							
26	铁	Fe	$1s^2$	$2s^22p^6$	$3s^23p^63d^6$	$4s^2$	
……							
30	锌	Zn	$1s^2$	$2s^22p^6$	$3s^23p^63d^{10}$	$4s^2$	
31	镓	Ga	$1s^2$	$2s^22p^6$	$3s^23p^63d^{10}$	$4s^24p^1$	
……							
36	氪	Kr	$1s^2$	$2s^22p^6$	$3s^23p^63d^{10}$	$4s^24p^6$	
37	铷	Rb	$1s^2$	$2s^22p^6$	$3s^23p^63d^{10}$	$4s^24p^6$	$5s^1$

2. 电子排布图

电子排布图指用方框或圆圈表示原子轨道，用上、下箭头（↑、↓）表示自旋状态不同的电子。通常所说的电子排布指的是基态原子的电子排布，基态原子的电子排布遵循能量最低原理、泡利原理和洪特规则。电子排布式表示出了基态原子核外电子在能层和能级中的排布，而电子排布图还表示出了电子在原子轨道中的排布。

科学探究

原子核外电子排布

原子核外电子排布遵循如下规律：

（1）能量最低原理：核外电子优先排布在能量最低的电子层里，然后由里往外，依次排布在能量逐渐升高的电子层里；

（2）各电子层所填充的电子总数不大于 $2n^2$（n 为电子层数）；

（3）最外层所填充的电子数不超过 8 个，K 层为最外层时不超过 2 个；

（4）次外层所填充的电子数不超过 18 个，倒数第三层不超过 32 个。

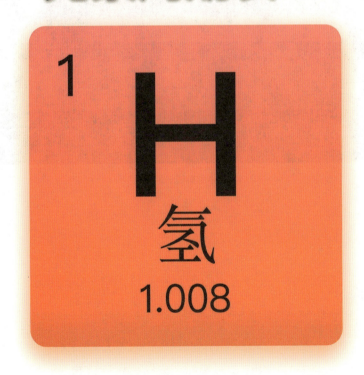

微件 | 原子核外电子排布

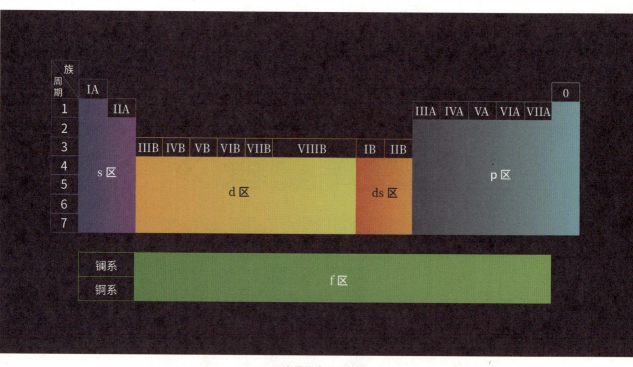

元素周期表分区简图

第三节 原子结构与元素的性质

一、元素周期表

1. 元素周期表

原子的核外电子排布与元素周期表中周期、族的划分有什么内在联系？化学元素周期表是根据原子序数从小到大排序的化学元素列表。列表大体呈长方形，某些元素周期中留有空格，使特性相近的元素归在同一族中，如卤素、碱金属元素、稀有气体（又称惰性气体或贵族气体）等。这使周期表中形成元素分区且分为 7 个主族、7 个副族、1 个零族和 1 个第Ⅷ族。由于周期表能够准确地预测各种元素的特性以及它们之间的关系，因此它在化学及其他学科范畴中被广泛使用，成为分析化学行为时十分有用的框架。元素周期表也称元素周期系。

2. 碱金属的电子排布式

随着元素原子的核电荷数递增，每当出现碱金属，就开始建立一个新的电子层，随后最外层上的电子逐渐增多，最后达到 8 个电子，出现稀有气体；然后又开始由碱金属到稀有气体，如此循环往复——这就是元素周期系中的一个个周期。例如，第 11 号元素钠到第 18 号元素氩的最外层电子排布重复了第 3 号元素锂到第 10 号元素氖的最外层电子排布——从 1 个电子到 8 个电子；再往后，尽管情形变得复杂一些，但每个周期的第 1 个元素的原子最外电子层总是 1 个电子，最后一个元素的原子最外电子层总是 8 个电子。可见，元素周期系是由于元素的原子核外电子排布发生周期性的重复而形成的。碱金属的电子排布式如表 1.3 所示。

表 1.3 碱金属的电子排布式

碱金属	原子序数	周期	电子排布式
锂	3	二	$1s^22s^1$ 或 [He]$2s^1$
钠	11	三	$1s^22s^22p^63s^1$ 或 [Ne]$3s^1$
钾	19	四	$1s^22s^22p^63s^23p^64s^1$ 或 [Ar]$4s^1$
铷	37	五	$1s^22s^22p^63s^23p^63d^{10}4s^24p^65s^1$ 或 [Kr]$5s^1$
铯	55	六	$1s^22s^22p^63s^23p^63d^{10}4s^24p^64d^{10}5s^25p^66s^1$ 或 [Xe]$6s^1$

3. 金属元素的数目

由于随着核电荷数的递增，电子在能级里的填充顺序遵循构造原理，元素周期系的周期不是单调的，每一周期里元素的数目并不总是一样多，而是随周期序号的递增逐渐增多，同时，金属元素的数目也逐渐增多，具体如表 1.4 所示。

表 1.4 金属元素的数目

周期	一	二	三	四	五	六	七
元素数目	2	8	8	18	18	32	26（？）
金属元素数目	0	2	3	14	15	30	？

4. 元素周期系的周期发展像螺壳上的螺旋

由于随着核电荷数的递增，电子在能级里的填充顺序遵循构造原理，元素周期系的周期不是单调的，原子轨道有 s、p、d、f、g 等，电子填充这些轨道时像螺壳上的螺旋一样，并不是直线向上，而是回旋向上的，因此它不是单调的。我们可以把元素周期系的周期发展形象地比喻成螺壳上的螺旋。

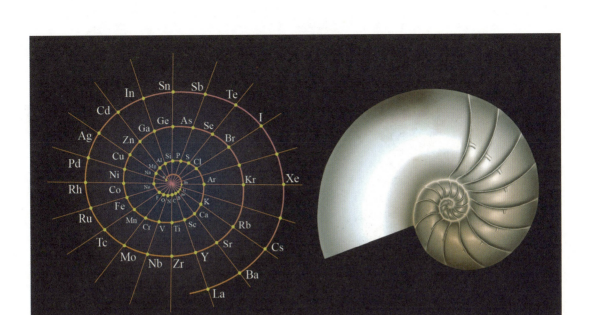

元素周期系的周期发展像螺壳上的螺旋

5. 门捷列夫的第一张元素周期表

德米特里·伊万诺维奇·门捷列夫（D. I. Mendeleyev）为19世纪俄国科学家，他发现了化学元素的周期性，依照原子量制作出了世界上第一张元素周期表，并据以预见了一些尚未发现的元素。

门捷列夫通过对比元素的性质和相对原子质量的大小，重新测定了一些元素的相对原子质量，先后调整了17种元素的序列。例如，门捷列夫利用他人的成果，确认应将铍的相对原子质量从14纠正为9，使元素按相对原子质量递增的序位从 H—He—Li—B—C—N—Be—O—F 纠正为 H—He—Li—Be—B—C—N—O—F。经过诸如此类的元素顺序调整，元素性质的周期性递变规律呈现出来：从锂到氟，金属性渐次下降，非金属性渐次增强，从典型金属递变为典型非金属。序列中元素的化合价的渐变规律也得以显露：从锂到氮，正化合价从1递增到5；从碳到氟，负化合价从4下降为1。门捷列夫敏感地认识到当时已知的63种元素远非整个元素大家族，他大胆地预见了11种尚未发现的元素，为它们在相对原子质量序列中留下空位，而且预言了它们的性质，并于1869年发表了第一张元素周期表。

 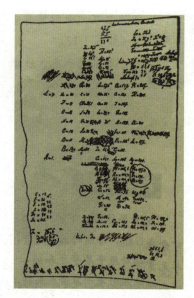

门捷列夫（1834～1907）　　　1869年门捷列夫发表的第一张元素周期表

二、元素周期律

1. 元素周期律

元素周期律是指元素的性质随着原子核电荷数的递增发生周期性的递变。

（1）同周期元素原子的电子层数相同，随着原子序数的递增，原子半径递减，核对核外电子的引力逐渐增强，失电子能力逐渐减弱，得电子能力逐渐增强，即元素的金属性和单质的还原性逐渐减弱，元素的非金属性和单质的氧化性逐渐增强。如非金属性F>O>N>C>B，Cl>S>P>Si等。

（2）同主族元素原子的最外层电子数相同，随着原子序数的递增，原子半径递增，核对核外电子的引力逐渐减弱，失电子能力逐渐增强，得电子能力逐渐减弱，即元素的金属性和单质的还原性逐渐增强，元素的非金属性和单质的氧化性逐渐减弱。如非金属性F>Cl>Br>I，O>S>Se，N>P>As等。

（3）位于分界线两边的元素一般具有两性，如铝、硅、锗、砷。

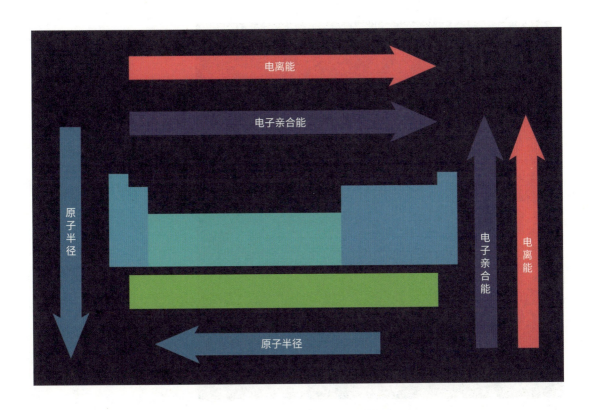

2. 原子半径

(1) 原子轨道半径：它是指自由原子最外层轨道径向分布函数 $4\pi r^2\varphi^2$ 的主峰位置到原子核的距离。它只适用于比较自由原子的大小。

(2) 共价半径：当同种元素的两个原子以共价单键连接时，它们核间距离的一半称为原子的共价半径。它适用于比较非金属原子的大小。

(3) 金属半径：在金属晶格中相邻金属原子核间距离的一半称为原子的金属半径。原子的金属半径通常比单键共价半径大 10%～15%。

(4) 范德华 (van der Waals) 半径：稀有气体在凝聚态时，原子之间不是靠化学键而是靠微弱的分子间作用力（范德华力）结合在一起的，取固相中相邻原子核间距的一半作为原子半径，这个半径称为范德华半径。非金属原子的范德华半径约等于它们的负离子半径。

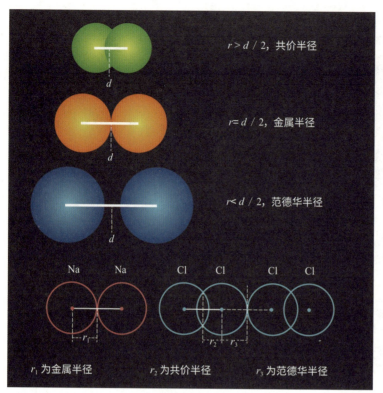

原子半径的定义

根据电子云的概念，原子在空间占据的范围并没有明确的界限，所以原子半径随原子所处的环境不同而有不同的定义。

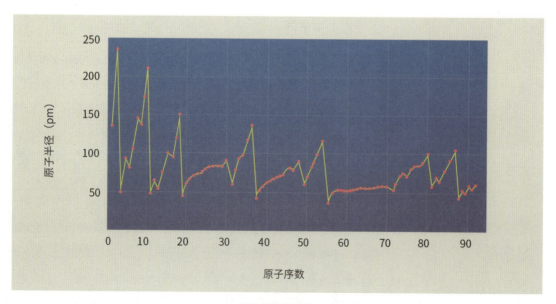

原子半径折线图

原子半径的大小取决于两个相反的因素，一个因素是电子的能层数，另一个因素是核电荷数。显然，电子的能层越多，电子之间的负电排斥将使原子的半径增大；而核电荷数越大，核对电子的引力也就越大，原子的半径缩小。这两个因素综合的结果使各种原子的半径发生周期性的递变。例如，元素原子半径随元素原子序数的递增而发生变化，如上图"原子半径折线图"所示。

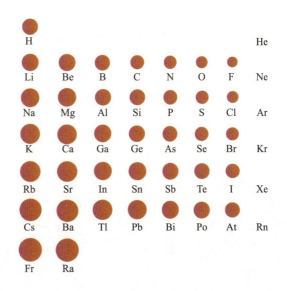

原子半径的周期性变化

通过分析上图"原子半径的周期性变化"中主族元素的原子半径的变化情况可以看出，元素的原子半径随着元素原子序数的递增呈现周期性的变化。一般来说，同周期中，除稀有气体元素外，随着原子序数的增大，元素的原子半径自左至右逐渐减小。这是因为每增加一个电子，核电荷就相应增加一个正电荷。由于增加的电子分布在同一层上，所以增加的电子产生的电子间的排斥作用小于核电荷增加导致的核对外层电子的吸引作用，有效核电荷增加，结果使原子半径逐渐减小。对同主族元素的原子来说，随着原子序数的逐渐增加，原子半径自上而下逐渐增大。这是因为电子层数的依次增加，使核电荷增加对电子的吸引作用处于次要地位，电子间的排斥作用占了主要地位。

从总的变化趋势来看，同一周期（如第4周期）的过渡元素，从左到右原子半径的减小幅度越来越小。这是因为增加的电子都分布在 $(n-1)d$ 的轨道上，它对外层电子的排斥作用与核电荷增加带来的核对电子的吸引作用大致相当，使有效电荷的变化幅度不大。

3. 电离能

气态电中性基态原子失去第一个电子转化为气态基态正离子所需要的最低能量叫作第一电离能。上述表述中的"气态""电中性""基态""失去一个电子"等都是保证"最低能量"的条件。从下图"元素的第一电离能的周期性变化"中可见，每个周期的第一种元素（氢和碱金属）的第一电离能最小，最后一种元素（稀有气体）的第一电离能最大；同族元素从上到下第一电离能依次变小（如 He、Ne、Ar、Kr、Xe 的第一电离能依次下降，H、Li、Na、K、Rb、Cs 的第一电离能也依次下降）。

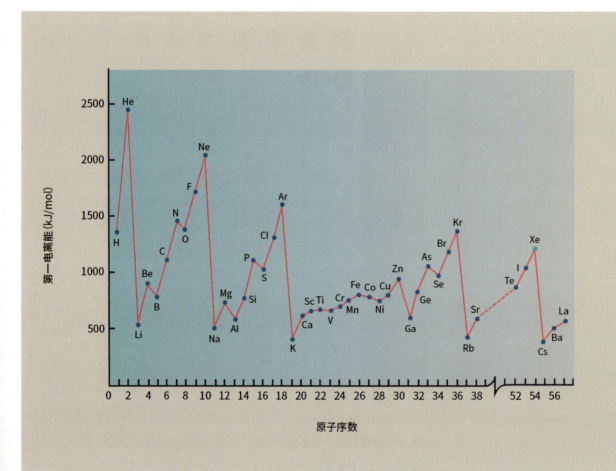

元素的第一电离能的周期性变化

4. 电负性

元素相互化合，可理解为原子之间产生化学作用力，形象地叫作化学键，原子中用于形成化学键的电子称为键合电子。电负性的概念是由美国化学家鲍林（L. Pauling）提出的，用它来描述不同元素原子对键合电子吸引力的大小。电负性越大的原子，其对键合电子的吸引力越大。

电负性是原子吸引键合电子能力大小的一种度量

鲍林利用实验数据进行了理论计算，以氟的电负性为 4.0 和锂的电负性为 1.0 作为相对标准，得出了各元素的电负性（稀有气体未计），如下图"各元素的电负性"所示。从图中可以看到，一般来说，按周期表从左到右，元素的电负性逐渐变大；按周期表从上到下，元素的电负性逐渐变小。

IA	IIA	IIIA	IVA	VA	VIA	VIIA
H 2.1						
Li 1.0	Be 1.5	B 2.0	C 2.5	N 3.0	O 3.5	F 4.0
Na 0.9	Mg 1.2	Al 1.5	Si 1.8	P 2.1	S 2.5	Cl 3.0
K 0.8	Ca 1.0	Ga 1.6	Ge 1.8	As 2.0	Se 2.4	Br 2.8
Rb 0.8	Sr 1.0	In 1.7	Sn 1.8	Sb 1.9	Te 2.1	I 2.5
Cs 0.7	Ba 0.9	Tl 1.8	Pb 1.9	Bi 1.9	Po ...	At ...

（电负性增大 →，电负性增大 ↑）

各元素的电负性

34 结构化学

鲍林（1901～1994）

直通竞赛

01 ▶ 原子结构与元素性质的关系

元素的性质，特别是化学性质主要由原子的价电子数决定。所谓价电子数就是外围电子数。主族元素的价电子就是最外层电子，副族元素的价电子数则由最外层电子、次外层电子甚至倒数第三层电子决定。另外，元素的性质还与电子层数有关。若最外层电子数为 m，电子层数为 n，则：

（1）$m/n > 1$，通常为非金属元素，且 m/n 值越大，非金属性越强；

（2）$m/n = 1$，通常为两性元素，如铝、锗等；

（3）$m/n < 1$，通常为金属元素，且 m/n 值越小，金属性越强。

02 ▶ 原子与离子的性质

一般来说，原子在通常条件下能够自发得到或失去价电子而变成离子，而从能量角度看，该原子的能量要高一些，离子的能量要低一些，即在该种情况下离子要比原子稳定，如 Na^+ 要比 Na 稳定。如果从结构上加以解释，即 Na 原子的价电子数为 1，很活泼，且不稳定，这一失电子过程是放热的。元素的活泼性通常用金属性或非金属性来表示，离子的活泼性通常用还原性或氧化性来表示；若再深刻些，元素的活泼性通常用电离能或电子亲合能来衡量，离子的还原性或氧化性通常用电极电势来衡量，两者不能混为一谈。

元素金属性、非金属性的强弱可用电负性来量度。所谓元素的电负性是指周期表中各元素的原子在分子中对成键电子的吸引能力的一种相对标度。元素的电负性愈大，表明原子在形成化学键时对成键电子的吸引力愈强，非金属性也愈强。第二周期元素的电负性很有规律，F 元素的电负性值为 4.0，由 F 元素向前推一种元素，则减少 0.5，即 O 元素的电负性值为 3.5，N 元素的电负性值为 3.0。

由于同一周期从左至右，有效核电荷递增，原子半径递减，对电子的吸引能力渐强，因而电负性值递增；同族元素从上到下，随着原子半径的增大，元素的电负性值递减。过渡元素的电负性值无明显规律。就总体而言，周期表右上方的典型非金属元素都有较大的电负性数值，氟的电负性值较大（4.0）；周期表左下方的金属元素电负性值都较小，铯和钫（放射性）是电负性最小（0.7）的元素。一般来说，非金属元素的电负性值大于 2.0，金属元素的电负性值小于 2.0。

1. 电离能

金属性的强弱可用电离能来衡量。所谓电离能（I），是指基态的气态原子失去电子形成气态阳离子时所吸收的能量。由于原子失去电子必须消耗能量克服核对外层电子的引力，所以电离能总为正值，单位常用 kJ/mol 表示。

依据电离能可以定量比较气态原子失去电子的难易，电离能越大，原子越难失去电子，其金属性越弱；反之，则其金属性越强。影响电离能大小的因素包括有效核电荷、原子半径和原子的电子构型。

（1）同一周期主族元素从左到右作用到最外层电子上的有效核电荷逐渐增大，电离能也逐渐增大。稀有气体由于具有稳定的电子层结构，其电离能最大。故同周期元素从强金属性逐渐变到非金属性，直至强非金属性。

（2）同一周期副族元素从左到右，由于有效核电荷增加不多，原子半径减小缓慢，电离能增加不如主族元素明显。由于最外层最多只有两个电子，过渡元素均表现出金属性。

（3）同一主族的元素从上到下，原子半径增加，有效核电荷增加不多，则原子半径增大的影响起主要作用，电离能由大变小，元素的金属性逐渐增强。

（4）同一副族的元素电离能变化不规则。

2. 电子亲合能

与电离能相对应，元素的气态基态原子获得电子成为气态阴离子所释放的能量称为该元素的电子亲合能，简称电子亲合能（E）。电子亲合能的大小反映了原子获得电子的难易：亲合能数值越大，则气态原子结合电子释放的能量越多，与电子的结合越稳定，表明该元素的原子越易获得电子，故非金属性越强；反之亦然。

电子亲合能的大小取决于原子的有效核电荷、原子半径和原子的电子构型。周期表中同一周期从左到右，电子亲合能逐渐增大。因为原子有效核电荷增大，原子半径逐渐减小，随着最外层电子数目的增多，原子更易获得电子形成稳定结构。同族元素从上到下亲合能呈递减变化。需要指出的是：有些元素电离能较高，电子难以电离，但这并不意味着易于结合电子。例如，稀有气体外层为8电子稳定构型，失电子和得电子都不容易。

第二章 分子结构与性质

第一节 共价键理论

一、共价键

共价键是指原子间通过共用电子对形成的化学键,其具有方向性和饱和性。用电子云和原子轨道的概念来理解共价键,就好比核间电子在核间架起一座带负电的桥梁,把带正电的两个原子核"黏结"在一起。

H_2 分子中的共价键是 σ 键,是由两个 1s 电子重叠形成的"s-s σ 键"。σ 键的特征为:以形成化学键的两原子核连线为轴做斡旋操作,共价键电子云的图形不变,这种特性称为轴对称。

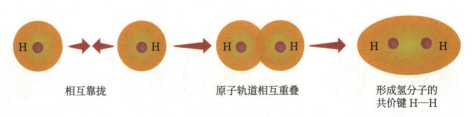

氢原子形成氢分子的过程描述

HCl 分子中的共价键是由氢原子提供的未成对电子 1s 的原子轨道和氯原子提供的未成对电子 3p 的原子轨道重叠形成的"s-p σ 键"。

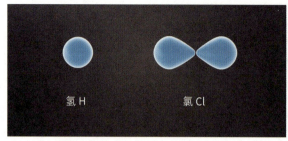

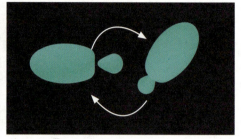

视频 | HCl 分子中"s-p σ 键"的形成过程

AR | HCl 分子的 σ 键

Cl_2 分子中的共价键是由 2 个氯原子各提供 1 个未成对电子 3p 的原子轨道重叠形成的"p-p σ 键"。

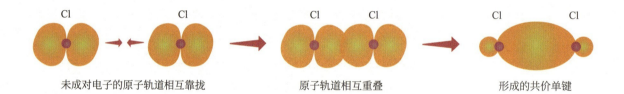

未成对电子的原子轨道相互靠拢　　　原子轨道相互重叠　　　形成的共价单键

p 电子和 p 电子除能形成 σ 键外，还能形成 π 键。每个 π 键的电子云由两块组成，分别位于由两原子核构成平面的两侧，如果以它们之间包含原子核的平面为镜面，它们互为镜像，这种特征称为镜像对称。

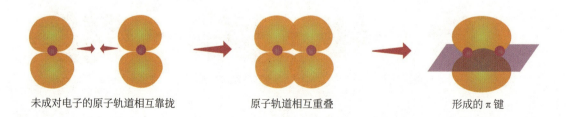

未成对电子的原子轨道相互靠拢　　　原子轨道相互重叠　　　形成的 π 键

σ键是由两个原子的电子"头碰头"重叠形成的，π键是由两个原子的 p 电子"肩并肩"形成的。π键不如 σ 键牢固，比较容易断裂。如我们熟悉的乙烷和乙烯，乙烯因碳碳之间的 π 键断裂而发生加成反应，乙烷因只含有 σ 键而不能发生加成反应。具体如表 2.1 所示。

表 2.1 σ键和 π 键比较

键的类型	σ 键	π 键
原子轨道的重叠方式	沿键轴方向"头碰头"	沿键轴方向"肩并肩"
电子云形状	轴对称，可旋转	镜面对称，不可旋转
原子轨道的重叠程度	较大	较小
牢固程度	σ 键强度较大， 不易断裂，不活泼	π 键强度较小， 容易断裂，活泼
成键判断规律	共价单键是 σ 键；共价双键中一个是 σ 键，另一个是 π 键； 共价叁键中一个是 σ 键，另两个均是 π 键	

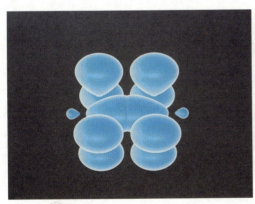
视频 | N_2 分子中氮氮叁键的形成过程

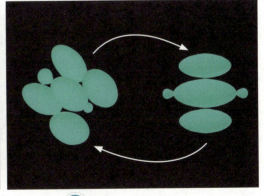
AR | N_2 分子的 π 键

上图"N_2 分子中氮氮叁键的形成过程"是 N_2 分子的电子云模型，N_2 的化学性质稳定，原因在于其化学键是由 1 个 σ 键和 2 个 π 键组成的氮氮叁键。其中 2 个氮原子的 1 个 2p 轨道"头碰头"形成 1 个 σ 键，处于中间位置；1 个氮原子的 2 个 2p 轨道分别与另一个氮原子的 2 个 2p 轨道"肩并肩"形成 2 个 π 键，处于 σ 键的四周。

01 ▶ 经典共价键理论

1. 路易斯理论

美国化学家路易斯（G. N. Lewis）在1916年提出了如下理论：假定形成的化学键所包含的每一对电子处于两个成键原子之间为其共享，用A—B表示，双键和叁键则相应于原子之间有两对或三对共享电子。在形成的分子中，每个原子都应该达到稀有气体原子最外层电子的稳定结构，即8电子稳定结构（对于He原子则为2电子结构），我们将此称为"八隅律"。其本质是稀有气体的ns和np原子轨道都充满了电子，正好为8电子构型，而该电子构型是稳定的。所以在共价分子中，每个原子都尽可能成为8电子构型（对于H原子则为2电子构型）。

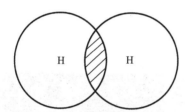

例如：H·+·H⟶H:H，两个H原子通过共用一对电子，每个H原子均成为了He的2电子构型，都达到了稳定结构，从而形成了共价键。

2. 路易斯结构式

共价分子都可以写出一种稳定的符合"八隅律"的结构式，称为路易斯结构式。路易斯结构式可以看成是添加了孤对电子的结构式。在路易斯结构式中，用小黑点表示电子，例如：

H—H　　:N≡N:　　:O≡C:　　C_2H_2（H—C≡C—H）

对于简单的分子，我们很容易写出它的路易斯结构式；对于复杂的多原子分子，我们总结出了一些操作性较强的计算方法。

(1)计算共价分子或者离子所形成的化学键个数：成键电子数＝原子数目×8－各成键原子价电子总数，那么可以推出：成键个数＝成键电子数/2。在这里要注意两个问题：对于 H 原子来说则是满足 2 电子构型；计算各成键原子价电子总数时，如果是阴阳离子还要加上离子所带的负电荷或者减去离子所带的正电荷。

(2)计算离子或分子的非键电子数（即孤对电子数目）：非键电子数＝各成键原子价电子总数－成键电子数。例如，H_2CO_3 分子的非键电子数 $=(1×2+4+6×3)-12=12$，因此 H_2CO_3 分子的路易斯结构式中含有 12 个非键电子，也就是 6 个孤电子对。

(3)依照一些规则确定离子或分子的连接方式：电负性小的原子处在中间，氢原子和电负性比较大的原子，例如氧原子、氟原子和氯原子等，则放在两端。

(4)根据"八隅律"确定各原子周围的"小短线"和孤对电子数：单键就是 2 个电子，双键为 4 个电子，叁键为 6 个电子。例如，根据上述方法就可以知道 H_2CO_3 的路易斯结构式如下：

然而，有些分子可以写出多个路易斯结构式（都满足 8 电子结构），如 CH_2N_2（重氮甲烷）有两种可能的路易斯结构式：

是这两种结构同样合理，还是其中某种更合理？为了很好地解决这个疑惑，人们提出了"形式电荷"这个概念作为判据。

3. 路易斯结构式稳定性的判据——形式电荷 Q_F

（1）形式电荷的由来——以"纯共价"概念为基础得到的一个参数

我们用 CO 分子来说明这个问题，CO 的路易斯结构式为：C≡O：，为了形成三对平等的共价键，可以看作 O 原子上的一个价电子转移到了 C 原子上，如下图所示：

$$\ominus \overset{e}{\curvearrowright} \oplus$$
$$:C≡O:$$

从上面我们可以看出氧原子的 Q_F 为 +1，碳原子的 Q_F 为 -1。由这个实例我们知道：形式电荷与元素的电负性没有直接联系，它是共价键形成平等与否的标志。

（2）Q_F 的计算方法

由 Q_F 的含义我们可以推导出如下公式：Q_F = 原子的价电子数 - 键数 - 孤电子数，所以在 CO 分子中，$Q_{F(C)}$=4-3-2=-1，$Q_{F(O)}$=6-3-2=+1。

（3）路易斯结构式稳定性的判断

a. 在路易斯结构式中，Q_F 应尽可能小，若共价分子中所有原子的形式电荷均为零，则是最稳定的路易斯结构式；

b. 两相邻原子之间的形式电荷应避免同号。

例如，叠氮酸分子 HN₃ 有如下 3 个可能的路易斯结构式：

```
    0   0  ⊕   ⊖         0  ⊕   ⊕  -2         0   ⊖  ⊕   0
    H—N==N==N̈            H—N≡≡N—N̈:           H—N̈—N≡≡N:
        （Ⅰ）                   （Ⅱ）                   （Ⅲ）
```

这三个路易斯结构式中，式（Ⅰ）和式（Ⅲ）中的形成电荷小，相对稳定，而式（Ⅱ）中的形成电荷大且两相邻原子之间的形式电荷同为正号，这样的结构相对不稳定，所以应该舍去。

如果一个共价分子有几种可能的路易斯结构式，那么通过对 Q_F 值的判断，应保留其中最稳定和次稳定的几种路易斯结构式，它们互称为共振结构。例如：H—N==N==N 和 H—N—N≡N 互称为 HN₃ 的共振结构式。真实的分子将处在各个共振体之间。

现在我们来看 HOCN 分子的三个路易斯结构式，由形式电荷的判断方法可知：稳定性（Ⅰ）>（Ⅱ）>（Ⅲ）。

```
H—Ö—C≡N:        H—Ö—C≡N:̈        H—O≡C—N:̈
 |   |   |  |      |   |   |  |      |   |   |   |
 0   0   0  0      0  +1   0  -1     0   2   0  -2
     （Ⅰ）              （Ⅱ）              （Ⅲ）
```

4. 路易斯结构式的应用

路易斯结构式在化学竞赛中有很多重要的应用，大致列举如下：

（1）可以判断各异构体的稳定性

例如，由形式电荷的部分可以得出，氰酸根离子 OCN^- 比异氰酸根离子 ONC^- 稳定。

（2）可以计算多原子共价分子的键级

在 H—N$_{(a)}$—N$_{(b)}$—N$_{(c)}$ 中，由（Ⅰ）、（Ⅲ）两个 HN_3 共振结构式可知：

```
  0  0  ⊕  ⊖         0  ⊕  ⊕  -2        0  ⊖  ⊕  0
  H—N=N=N            H—N≡N—N            H—N—N≡N
     （Ⅰ）               （Ⅱ）               （Ⅲ）
```

N$_{(a)}$—N$_{(b)}$ 之间的键级 =(1+2)/2=3/2，N$_{(b)}$—N$_{(c)}$ 之间的键级 =(2+3)/2=5/2。

（3）可以判断原子之间键长的长短

键级越大，键能越大，键长越短。在 HN_3 中，N$_{(a)}$—N$_{(b)}$ 之间的键长大于 N$_{(b)}$—N$_{(c)}$ 之间的键长。

尽管路易斯价键理论尚有许多不尽如人意之处，但它的电子成对概念却为现代共价键理论奠定了基础。

02 ▶ 现代价键理论

1927 年，德国的海特勒和伦敦两位科学家利用量子力学处理氢气分子获得成功，很好地阐释了两个氢原子之间形成化学键的本质。之后，鲍林等人将其发展，把对氢气分子的计算处理结构推广到了其他分子中，建立了以量子力学为基础的现代价键理论。

1. 共价键的形成

假定 A、B 两原子各自有一个自旋方向相反的单电子，当两原子相互吸引时，A、B 原子除了受到自身原子核的吸引作用外，还受到彼此原子核的吸引作用。由于引力做功释放能量，所以整个体系的能量比 A、B 原子单独存在时有所下降。当两原子间距近到某个数值的时候，该体系的能量将达到最低点。随着两个原子核继续靠近，原子核正电荷之间的相互斥力会慢慢变得大起来，致使体系的能量反而升高，下图中 b 线即描述了这个过程。

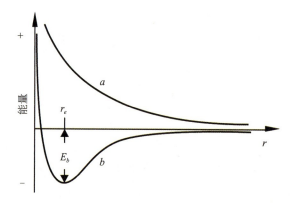

当两个原子相互靠近时，它们中的两个自旋方向相反的电子结成电子对，即两个电子所处的原子轨道相互重叠，使体系能量降低，从而形成化学键，即一对电子形成一个共价键。

2. 共价键的本质

根据上面的理论我们可以知道，原子之间如果形成的共价键越多，则释放出来的能量就越多，得到的体系的能量自然越低，形成的分子越稳定。

例如：

（1）H_2 分子是最简单的双原子分子，两个 H 原子的 1s-1s 轨道中的两个电中性单电子通过共用电子对形成一个密度较大的电子云。

（2）N_2 是空气中的主要成分，N 原子的核外电子排布式为 $2s^2 2p^3$，具体为一对成对的 2s 电子，三个未成对的 2p 电子分别自旋平行地占据

H_2 分子的形成

$2p_x$、$2p_y$ 和 $2p_z$ 这三个轨道。因此，一个 N 原子可以与另一个 N 原子的三个自旋方向相反的成单电子配对，从而形成共价叁键，结合成 :N≡N: 分子。实际上，两个原子若各自有 2 个或 3 个未成对电子，则可以形成共价双键或者共价叁键。

（3）N_2 的等电子体分子——CO 分子的成键过程：

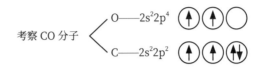

二、键参数

能表征化学键性质的物理量统称为键参数，如键能、键长、键角等。

1. 键能

气态基态原子形成 1 mol 化学键时释放的最低能量，例如形成 1 mol H—H 键时释放的最低能量为 436 kJ，形成 1 mol N≡N 键时释放的最低能量为 946 kJ，这些能量就是相应的化学键的键能，其单位是 kJ/mol，通常取正值。某些共价键的键能如表 2.2 所示。

表 2.2 某些共价键的键能

共价键	键能（kJ/mol）	共价键	键能（kJ/mol）
H—H	436	N≡N	946
F—F	157	N—O	176
Cl—Cl	242.7	N=O	607
Br—Br	193.7	O—O	142
I—I	152.7	O=O	497.3
C—C	347.7	C—H	413.4
C=C	615	O—H	462.8
C≡C	812	N—H	390.8
C—O	351	H—F	568
C=O	745	H—Cl	431.8
N—N	193	H—Br	366
N=N	418	H—I	298.7

从表 2.2 可以看出，键能越大，即形成化学键时释放的能量越多，意味着这个化学键越稳定，越不容易断裂。

> **拓展**
>
> ## 离 解 能
>
> 定义：在 298.15 K 和 100 kPa 环境下，1 mol 理想气体拆开变成气态原子所吸收的能量称为键的离解能，用符号 D 表示。
>
> 例如：a. $Cl_2(g) \longrightarrow 2Cl(g)$，$D(Cl-Cl) = 239.7$ kJ/mol。
>
> b. $NH_3(g) \longrightarrow NH_2(g) + H(g)$，$D_1 = 427$ kJ/mol；
>
> $NH_2(g) \longrightarrow NH(g) + H(g)$，$D_2 = 375$ kJ/mol；
>
> $NH(g) \longrightarrow N(g) + H(g)$，$D_3 = 356$ kJ/mol。
>
> 所以，NH_3 分子中 N—H 键的键能 $E = (D_1 + D_2 + D_3)/3 = 386$ kJ/mol。

2. 键长

键长是指形成共价键的两原子的核间距，其单位为 pm。某些共价键的键长如表 2.3 所示。

表 2.3 某些共价键的键长

共价键	键长（pm）	共价键	键长（pm）
H—H	74	C≡C	120
F—F	141	C—H	109
Cl—Cl	198	O—H	96
Br—Br	228	N—H	101
I—I	267	N≡N	110
C—C	154	Si—Si	235
C=C	133	Si—O	162

从表 2.3 可以看出：

(1) 通常情况下，键能越大，键长越短，共价键越稳定；

(2) 同种类型的共价键，成键原子半径越小，键长越短，键能越大，共价键越牢固；

(3) 若成键原子相同，则其键长的大小比较是：单键＞双键＞叁键。

注意：在不同的化合物中，一样的化学键，其键长和键能却不一样。例如：CH_3OH 和 C_2H_6 中均有 C—H 键，但它们的键长和键能均不同。

3. 键角

在原子数超过 2 的分子中，两个共价键之间的夹角称为键角。

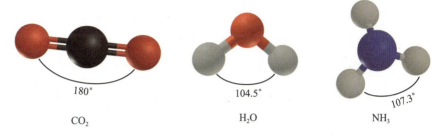

二氧化碳、水、氨分子中的键角及其空间构型

CO_2 分子的键角为 180°，其中心原子碳原子以 sp 杂化方式进行杂化。

H_2O 的键角为 104.5°，其中心原子氧原子以 sp^3 杂化方式进行杂化，杂化角度为 109.5°，两对孤对电子的斥力使 H_2O 分子的键角变小。

NH_3 分子的键角为 107.3°，其中心原子氮原子以 sp^3 杂化方式进行杂化，杂化角度为 109.5°，一对孤对电子的斥力使 NH_3 分子的键角变小。

键角决定分子的空间构型，键角一定，表明共价键具有方向性。键角是描述分子立体结构的重要参数，分子的许多性质都与键角有关。

当分子的键长和键角唯一确定后，分子的几何构型也就确定了。

不同分子空间构型所对应的键角大小及实例如表 2.4 所示。

表 2.4 不同分子空间构型所对应的键角大小及实例

分子空间构型	键角	实例
正四面体形	109°28′	CH_4、CCl_4、NH_4^+
	60°	白磷：P_4
平面形	120°	苯、乙烯、SO_3、BF_3
三角锥形	107°18′	NH_3
折线形	104°30′	H_2O
直线形	180°	CO_2、CS_2、CH≡CH

三、等电子原理

CO 分子和 N_2 分子的电子式分别为:

$$:C⋮⋮O: \quad :N⋮⋮N:$$

表 2.5 表明,CO 分子和 N_2 分子在许多性质上十分相似,这些相似性可以归结于它们具有相等的价电子总数,导致它们具有相似的化学结构,由此形成了等电子原理的概念——原子总数相同、价电子总数相同的分子具有相似的化学键特征,它们的许多性质是相近的。常见的等电子体如表 2.6 所示。

表 2.5 CO 和 N_2 的性质比较

分子	熔点（°C）	沸点（°C）	在水中的溶解度（室温）（mL）	解离能（kJ/mol）	价电子总数
CO	-205.5	-191.49	2.3	1075	10
N_2	-210.0	-195.81	1.6	946	10

表 2.6 常见的等电子体

类型	实例	空间构形
二原子 10 电子的等电子体	N_2、CO、NO^+、C_2^{2-}、CN^-	直线形
三原子 16 电子的等电子体	CO_2、CS_2、N_2O、NCO^-、NO_2^+、N_3^-、NCS^-、$BeCl_2$	直线形
四原子 18 电子的等电子体	NO_2^-、O_3、SO_2	V 形
五原子 24 电子的等电子体	NO_3^-、CO_3^{2-}、BO_3^{3-}、BF_3、SO_3	平面三角形
六原子 32 电子的等电子体	SiF_4、CCl_4、BF_4^-、SO_4^{2-}、PO_4^{3-}	四个 σ 键,正四面体形
七原子 48 电子的等电子体	SF_6、PF_6^-、SiF_6^{2-}、AlF_6^{3-}	六个 σ 键,正八面体形

等电子原理的应用举例:

(1) 可以较快地判断一些分子的空间构型及键合情况。如 NH_3 和 H_3O^+,$SiCl_4$、SiO_4^{4-} 和 SO_4^{2-} 的空间构型相似,分别是三角锥形和正四面体形。

(2) 某些等电子体具有相似的结构特征,表现在性质和应用上也有相似之处,这对制造新材料是有启发的。例如,晶体硅、锗是良好的半导体材料,它们的等电子体磷化铝、砷化镓也都是良好的半导体材料。

直通竞赛

（1）二原子10电子微粒，以 N_2 为代表，它们都含有一个叁键。例如，CO、C_2^{2-}、NO^+、CN^-、C_2H_2 等。

（2）三原子16电子微粒，以 CO_2 为代表，它们都是直线形分子，中间的原子采用 sp 杂化轨道和两边的原子成键，同时还有两个 π_3^4。例如，N_2O、N_3^-、NO_2^+、SCN^- 等。

（3）三原子18电子，以 O_3 为代表，它们都是 V 形分子，处于中间的原子以 sp^2 杂化轨道与另外两个原子成键，同时还有一个 π_3^4。例如，NO_2^-、SO_2 等。

（4）四原子24电子微粒，以 BF_3 为代表，它们都是平面三角形分子，中心原子采取 sp^2 杂化，同时分子中有一个 π_4^6。例如，NO_3^-、CO_3^{2-}、BCl_3 等。

（5）四原子26电子微粒，以 SO_3^{2-} 为代表，它们都是三角锥形分子，中心原子采取 sp^3 杂化，分子中存在 d-p π 大 π 键。例如，ClO_3^-、IO_3^-、XeO_3 等。

（6）五原子8电子微粒，以 CH_4 为代表，它们都是四面体形分子，中心原子以 sp^3 杂化轨道与其他四个原子成键。例如，NH_4^+、BH_4^-、PH_4^+ 等。

（7）五原子32电子微粒，以 SO_4^{2-} 为代表，它们都是四面体形分子，中心原子以 sp^3 杂化轨道和四个配位原子成键，分子中存在 d-p π 大 π 键。例如，ClO_4^-、PO_4^{3-}、SiO_4^{4-}、SiF_4 等。

（8）七原子48电子微粒，以 SF_6 为代表，它们都是八面体分子，中心原子以 sp^2d^2 杂化轨道成键。例如，AlF_6^{3-}、SiF_6^{2-}、PF_6^- 等分子。

灵活运用等电子体原理可以由已知的简单分子的构型推导出许多复杂分子的构型。举例来说，根据等电子体原理的观点，O^- 和 F、Cl、NH_2 相当，O 和 NH、CH_2 相当。因此可以将 NOCl 看成是 NO_2^- 中的1个 O^- 被换成 Cl，构型不变。同理可知，NO_2Cl 可以看成是 NO_3^- 中的一个 O^- 被换成 Cl；$COCl_2$ 可以看成是 CO_3^{2-} 中的两个 O^- 被换成 Cl_2。

再比如说，C_2 与 BN 互为等电子体，因此 $B_3N_3H_3$ 与 C_6H_6 具有类似的结构，实际上 $B_3N_3H_3$ 又被称为"无机苯"。

第二节　分子的空间构型

一、形形色色的分子

在宏观世界中，花朵、蝴蝶、冰晶等诸多物质均可展现出规则与和谐的美。爱因斯坦曾感叹："在宇宙的秩序与和谐面前，人类不能不在内心里发出由衷的赞叹，激起无限的好奇。"在微观世界里，分子结构同样是形形色色、异彩纷呈、美不胜收的。

1. 三原子分子的空间构型

三原子分子的空间构型有直线形和 V 形两种。

AR | CO_2，直线形，180°

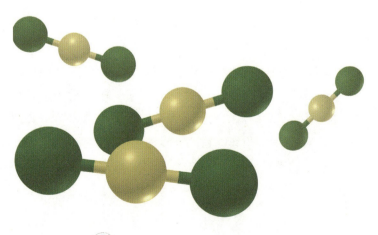

AR | $BeCl_2$，直线形，180°

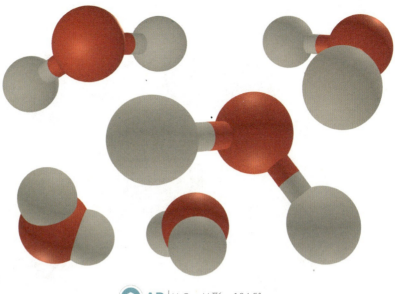

AR | H_2O,V形,104.5°

2. 四原子分子的空间构型

大多数四原子分子采取平面三角形和三角锥形两种空间构型。

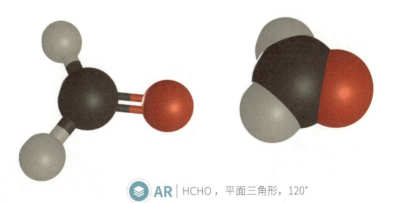

AR | HCHO,平面三角形,120°

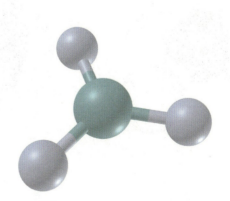

AR | BF_3,平面三角形,120°

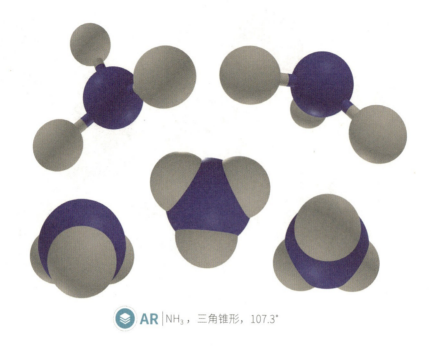

AR | NH_3，三角锥形，107.3°

3. 五原子分子的空间构型

五原子分子的空间构型更多，最常见的是正四面体形。

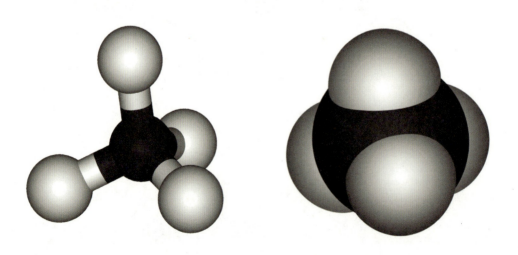

AR | CH_4，正四面体形，109°28′

4. 其他常见分子的空间构型

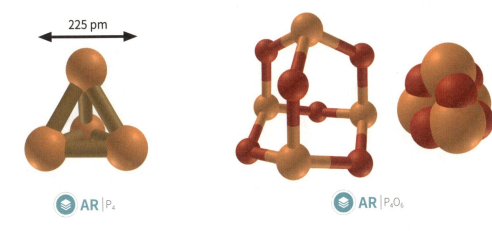

AR | P_4
AR | P_4O_6

AR | P_4O_{10}
AR | C_{60}

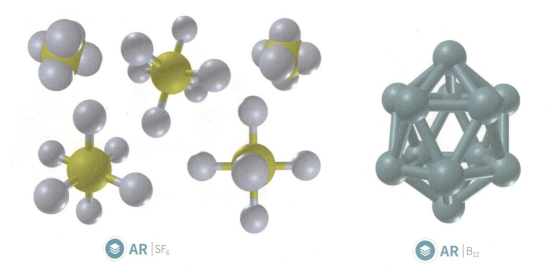

AR | SF₆ AR | B₁₂

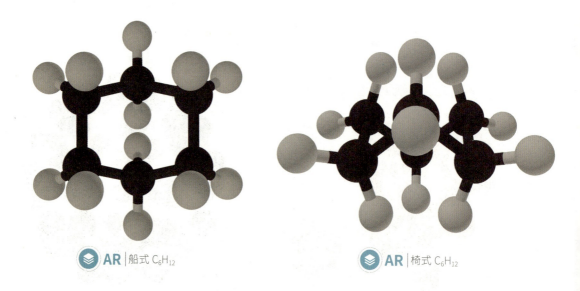

AR | 船式 C₆H₁₂ AR | 椅式 C₆H₁₂

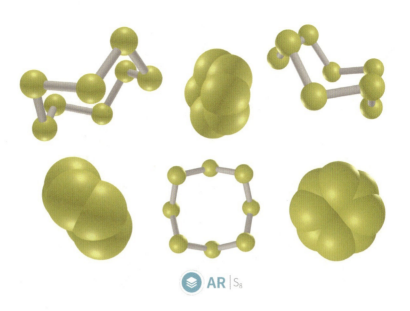

科学视野

分子空间结构的测定

分子中的原子不是固定不动的,而是不断地振动着的。我们所说的分子的空间结构其实只是分子中的原子处于平衡位置时的模型。早年的科学家主要是对物质的宏观性质进行系统总结得出规律后进行推测,如今,科学家们可以利用红外光谱仪等众多测定分子结构的现代仪器。当一束红外光线透过分子时,分子会吸收与它的某些化学键的振动频率相同的红外线,再将其记录到图谱上呈现吸收峰。通过计算机模拟,可以得知各吸收峰是由哪一个化学键、哪一种振动方式引起的,综合这些信息可分析出分子的空间结构。

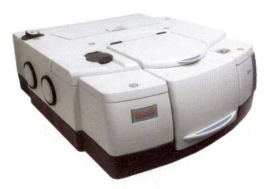

红外光谱仪

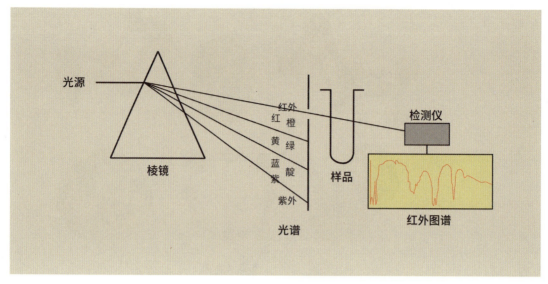

红外光谱仪的工作原理

二、价层电子对互斥理论

现代价键理论很好地解释了分子成键的本质，但它无法快速给出一个分子的几何构型。1940 年，西奇威克和鲍威尔在总结大量实验的基础上，提出了一种既简单又可以比较准确地判断分子几何构型的理论——价层电子对互斥理论(valence shell electron pair repulsion), 简称 VSEPR 法。其基本要点如下：

在 AB_n 型的分子或离子中，中心原子 A 的价层电子对（包括成键的 σ 键电子对和未成键的孤电子对）之间存在排斥力，这将使分子的空间构型总是采取电子对相互排斥力最小的理想几何构型，以使分子体系能量最低、最稳定。

（1）分子中的重键（双键、叁键）均可视为一个电子对。

（2）电子对之间斥力大小顺序为：lp-lp > lp-bp > bp-bp，其中 lp-lp 表示孤电子对之间的斥力；lp-bp 表示孤电子对和成键电子对之间的斥力；bp-bp 表示成键电子对之间的斥力。

（3）键电子对之间斥力大小顺序为：叁键－叁键＞叁键－双键＞双键－双键＞双键－单键＞单键－单键。

直通竞赛

判断分子几何构型的步骤

1. 计算中心原子的价层电子对数

价层电子对数 = $\frac{1}{2}$(中心原子的价电子数 + 配对原子提供的价电子数)

（1）氧族元素作中心原子时，提供的价电子数为6，如 H_2O 和 SF_6；作配体时，提供的价电子数为0，如 CO_2。

（2）处理离子时，要加上或减去离子所带的电荷。

如 PCl_4^+ 的价层电子对数为 $\frac{5+(1\times4)-1}{2}=4$；

BF_4^- 的价层电子对数为 $\frac{3+(1\times4)+1}{2}=4$。

（3）单电子也可当作一对孤电子对来处理。

2. 计算中心原子的孤电子对数

$$孤电子对数 = \frac{1}{2}(a-xb)$$

其中，对于原子，a 为中心原子的价电子数；对于阳离子，a 为中心原子的价电子数减去离子的电荷数；对于阴离子，a 为中心原子的价电子数加上离子的电荷数。x 为与中心原子结合的原子数。b 为与中心原子结合的原子最多能接受的电子数。具体示例如表2.7所示。

表2.7 中心原子的孤电子对数计算示例

分子或离子	中心原子	a	x	b	中心原子的孤电子对数
H_2O	O	6	2	1	2
SO_2	S	6	2	2	1
NH_4^+	N	5−1=4	4	1	0
CO_3^{2-}	C	4+2=6	3	2	0

3. 计算成键的 σ 键电子对数

价层电子对数 = σ 键个数 + 中心原子的孤电子对数；

σ 键电子对数 = 与中心原子结合的原子数。

具体示例如表2.8所示。

表 2.8 成键的 σ 键电子对数计算示例

代表物	电子式	与中心原子结合的原子数	σ键电子对数	孤电子对数	价层电子对数
H_2O	H:Ö:H	2	2	2	4
NH_3	H:N̈:H H	3	3	1	4
CH_4	H H:C̈:H H	4	4	0	4
CO_2	:Ö::C::Ö:	2	2	0	2

关于键角的问题需要注意以下几点：

（1）相同的杂化类型时，若孤电子对越多，则成键电子对受到的斥力越大，它们之间的键角越小。例如：CH_4、NH_3、H_2O 的键角越来越小。

（2）相同的杂化类型和同样的孤电子对数目时，中心原子的电负性越大，成键电子对被吸引离中心原子越近，导致成键电子对之间的距离变小，所以排斥力增大，键角变大。例如，NH_3、PH_3、AsH_3 的中心原子的电负性减小，键角越来越小。配位原子的电负性越大，成键电子对距离中心原子越远，斥力减小，所以键角越小。例如，NH_3 中的 H—N—H 键角大于 NF_3 中的 F—N—F 键角。

三、杂化轨道理论

现代价键理论成功地解释了共价键的某些本质和特性，但在阐明多原子分子的几何构型时遇到了如下困难：

（1）在水分子中的 H—O—H 键角是 104.5°，它与现代价键理论描述的 2 个 H 原子的 1s 原子轨道和 O 原子的 $2p_x$、$2p_y$ 原子轨道重叠成键，形成 90° 角不符。

（2）虽然 C 原子的价层只有 2 个单电子，它却和 4 个 H 原子形成 CH_4 分子。

为了解释多原子分子的几何构型，鲍林（L. Pauling）和斯莱特（J. C. Slater）在 1931 年提出了杂化轨道理论。

从电子具有波动性、波可以叠加的观点出发，认为一个原子在和其他原子形成多原子分子的过程中，中心原子所用的电子轨道不是原来纯粹的 s 轨道或 p 轨道，而是若干不同类型、能量相近的原子轨道经过叠加混杂、重新分配轨道的能量和调整空间伸展的方向，形成同等数目的能量完全相同的新的原子轨道——杂化轨道。

杂化轨道理论的基本要点

杂化轨道理论的基本要点如下：

（1）能级相近的价电子轨道才能有效混杂，形成杂化轨道；

（2）杂化前后轨道的数目保持不变；

（3）杂化后轨道伸展方向、形状以及能量发生改变，但是总能量保持不变。

下面以甲烷分子的形成过程为例进行说明。

（1）激发：C 原子为了能与 4 个 H 原子结合，必须要有 4 个单电子，为此 2s 轨道的 1 个电子被激发到空的 2p 轨道上，这样就出现了 4 个单电子。电子激发所需的能量可以通过形成共价键放出的能量来补偿。

（2）杂化：处于激发态的一个 2s 轨道和三个 2p 轨道线性组合成新的轨道——杂化轨道，在这里为 sp^3 杂化轨道。需要注意的是，孤立原子的轨道不会发生杂化，它们在形成分子的过程中才会发生杂化，并且只有能量接近的原子轨道才能发生有效的杂化。

（3）成键：在甲烷分子中，4 个 H 原子的 1s 轨道在正四面体的 4 个顶点上时，与 C 原子的 4 个杂化轨道重叠最大，所以甲烷分子为正四面体结构。

1. 杂化轨道的类型

（1）根据组成杂化轨道的原子轨道种类与数目分类

① s-p 型：仅含有 s 轨道与 p 轨道的杂化，主要有 sp 杂化、sp^2 杂化和 sp^3 杂化三种。

② s-p-d 型：由 ns、np 与 nd 轨道一同参与的杂化，主要有 sp^3d 杂化、sp^3d^2 杂化等。

（2）按杂化轨道能量是否相同分类

① 等性杂化：

a. sp³ 杂化轨道：1 个 s 轨道和 3 个 p 轨道通过杂化形成 4 个能量相等的 sp³ 杂化轨道，其空间构型为四面体形，键角为 109°28′。

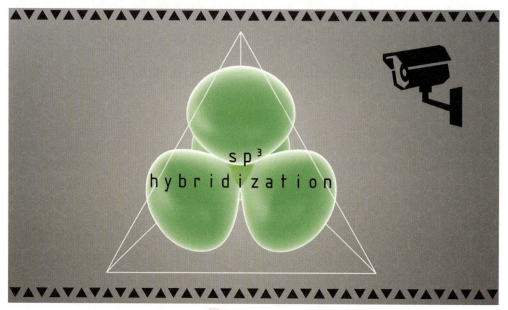

视频 | sp³ 杂化

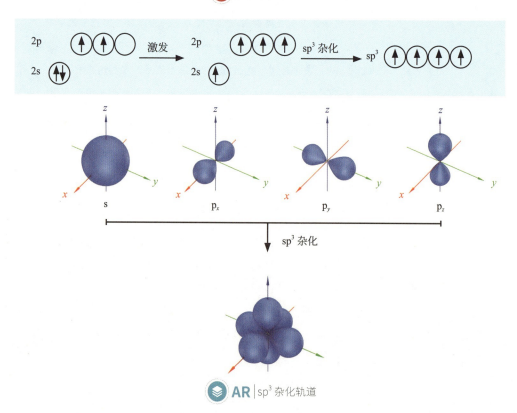

AR | sp³ 杂化轨道

b. sp^2 杂化轨道：1 个 s 轨道和 2 个 p 轨道通过杂化形成 3 个能量相等的 sp^2 杂化轨道，其空间构型为平面三角形，键角为 120°。

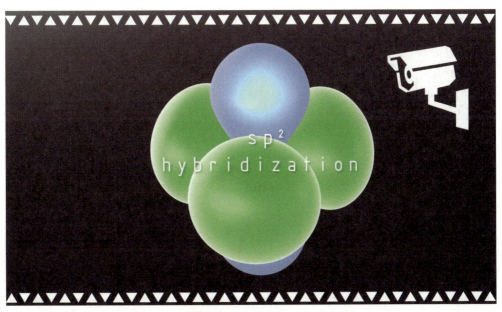

视频 | sp^2 杂化

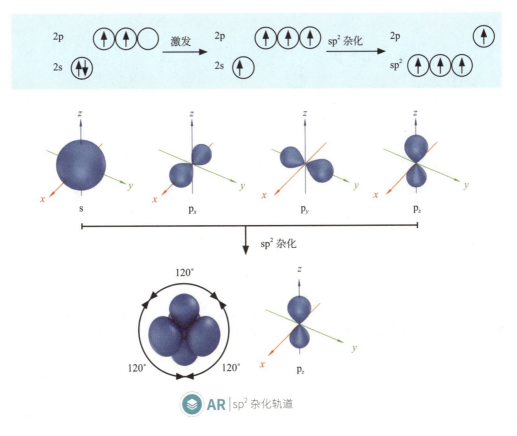

AR | sp^2 杂化轨道

c. sp 杂化轨道：1 个 s 轨道和 1 个 p 轨道通过杂化形成 2 个 sp 杂化轨道，其空间构型为直线形，键角为 180°。

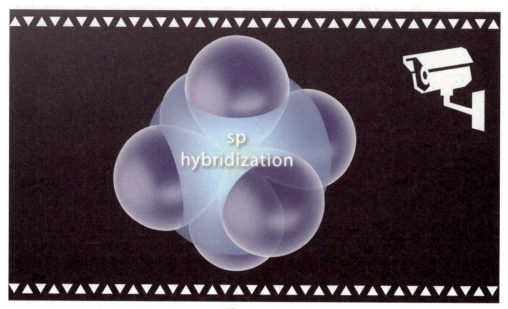

视频｜sp 杂化

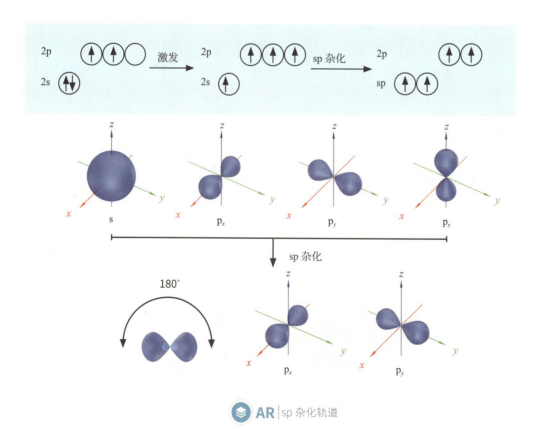

AR｜sp 杂化轨道

② 不等性杂化：如 O 原子的 sp^3 杂化，4 个杂化轨道能量不相等。

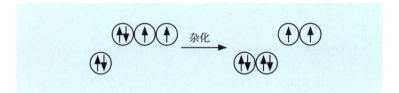

判断是否是等性杂化，要看各条杂化轨道的能量是否相等，不看未参加杂化的轨道的能量。

各种杂化轨道在空间内的几何分布如表 2.9 所示

表 2.9 各种杂化轨道在空间内的几何分布

杂化方式	杂化轨道的几何构型	杂化轨道间的夹角
sp	直线形	180°
sp^2	平面三角形	120°
sp^3	正四面体形	109°28′
sp^3d	三角双锥形	90°（轴与平面） 120°（平面内） 180°（轴向）
sp^3d^2	正八面体形	90°（轴与平面、平面内） 180°（轴向）

四、配合物理论

1. 配位键

在四水合铜离子中,铜离子与水分子之间的化学键是由水分子提供孤对电子给予铜离子,铜离子接受水分子的孤对电子形成的,这类电子对的"给予–接受键"被称为配位键(coordinate covalent bonds)。

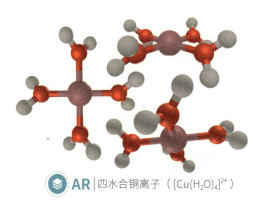

AR | 四水合铜离子($[Cu(H_2O)_4]^{2+}$)

2. 配位化合物键

通常把金属离子(或原子)与某些分子或离子(称为配位体)以配位键结合形成的化合物称为配位化合物,简称配合物(voordination compound)。配位化合物由中心原子、配位体和外界组成。中心原子可以是带电的离子,如 $[Cu(NH_3)_4]SO_4$ 中的 Cu^{2+}。配位体给出孤对电子或多个不定域电子,中心原子接受孤对电子或多个不定域电子,组成使二者结合的配位键。在 $[Cu(NH_3)_4]^{2+}$ 中,NH_3 的氮原子给出孤电子对,Cu^{2+} 接受电子对,以配位键形成了 $[Cu(NH_3)_4]^{2+}$,中心离子仍然是 Cu^{2+},而配位体是 NH_3。

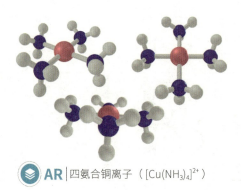

AR | 四氨合铜离子($[Cu(NH_3)_4]^{2+}$)

第三节 分子的性质

一、键的极性和分子的极性

1. 键的极性和分子的极性

共价键有两种,分别为极性共价键和非极性共价键。由不同的原子形成的共价键,若电子对会发生偏移,则是极性键,极性键中的两个键合原子,一个呈正电性,另一个呈负电性;电子对不发生偏移的共价键是非极性键。

分子有极性分子和非极性分子之分。在极性分子中,正电中心和负电中心不重合,使分子的某一个部分呈正电性,另一个部分呈负电性;非极性分子中的正电中心和负电中心重合。分子的极性是分子中化学键的极性的向量和。只含非极性键的分子一定是非极性分子;判断含极性键的分子有没有极性,必须依据分子中极性键的极性的向量和是否等于零而定。当分子中各个键的极性的向量和等于零时,是非极性分子,否则是极性分子。

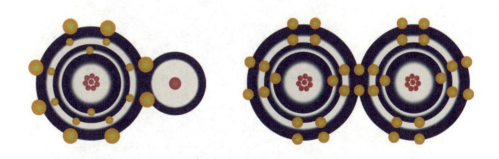

2. 表面活性剂和细胞膜

有一大类称为表面活性剂的有机分子,分子的一端有极性,称为亲水基团;分子的另一端没有或者几乎没有极性,称为疏水基团。烷基磺酸根离子就是一种表面活性剂。

肥皂、洗涤剂是最常见的表面活性剂，它们在水中会形成亲水基团向外、疏水基团向内的"胶束"。由于油渍等污垢是疏水的，因而会被包裹在胶束内腔，这就是肥皂和洗涤剂的去污原理。

烷基磺酸根离子

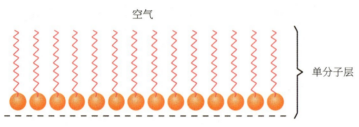

表面活性剂在水的表面形成单分子层，使水的表面张力降低

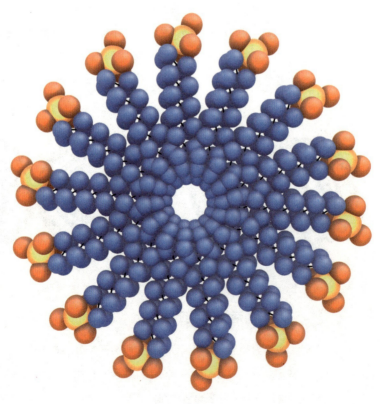

胶束

人体细胞和细胞器的膜是"双分子膜",双分子膜是由大量两性分子(类脂)组装而成的,每一个两性分子的结构如图 a 所示(图中细长部分是非极性尾基,圆球部分是极性头基),膜的简图如图 b 所示。

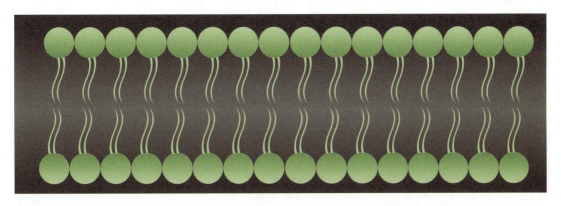

a

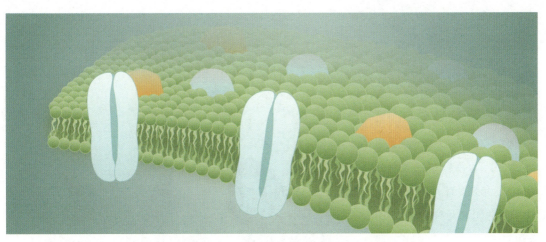

b

二、分子间作用力和氢键

1. 范德华力及其对物质性质的影响

降温加压时气体会液化，降温时液体会凝固，这一事实表明，分子之间存在着相互作用力。范德华(van der Waals)是最早研究分子间普遍存在作用力的科学家，因而把这类分子间的作用力称为范德华力。范德华力很弱，比化学键的键能小 1～2 个数量级。相对分子质量越大，范德华力越大；分子的极性越大，范德华力也越大。

实验证明，如果在一个分币的面积上布满 100 万条壁虎足的细毛，则可以吊起 20 kg 质量的物体。近年来，有人用计算机模拟，证明壁虎的足与墙体之间的作用力在本质上是它的细毛与墙体之间的范德华力，百年之谜终于破解。最近有人正仿照壁虎的足的结构，制作一种新型的黏着材料。

2. 氢键及其对物质性质的影响

氢原子与电负性大的原子 X 以共价键相结合，当其与电负性大、半径小的原子 Y（O、F、N 等）接近时，在 X 与 Y 之间以氢为媒介，生成 X—H⋯Y 形式的一种特殊的分子间或分子内相互作用，称为氢键。[X 与 Y 可以是同一种类分子，如水分子之间的氢键；也可以是不同种类分子，如一水合氨分子（$NH_3·H_2O$）之间的氢键。]氢键不仅存在于分子之间，有时也存在于分子之内。

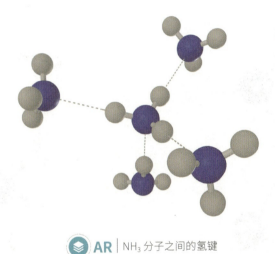

AR | NH_3 分子之间的氢键

微件 | 氢键的形成过程（图中虚线表示氢键）

3. 生物大分子中的氢键

生命体中许多大分子内也存在氢键，而且对生命物质的高级结构和生物活性具有重要的意义。例如，氢键是蛋白质具有生物活性的高级结构的重要原因，DNA 双螺旋的两个螺旋链也正是用氢键相互结合的。

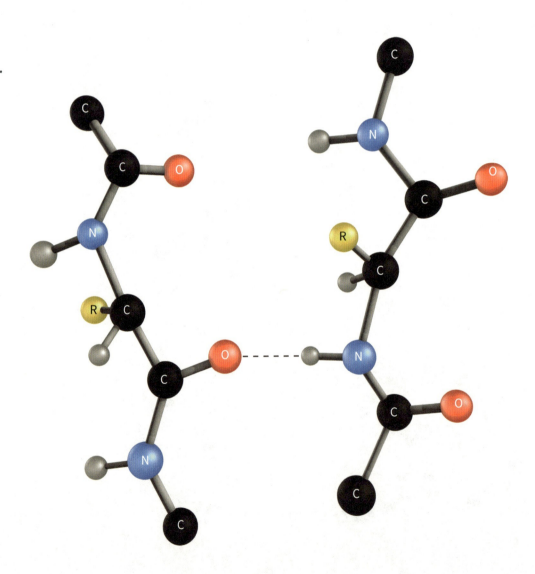

蛋白质分子中的氢键（图中虚线表示氢键）

三、相似相溶规则和手性

1. 溶解性

通过对许多实验的观察和研究,人们得出了一个经验性的"相似相溶"规律:非极性溶质一般能溶于非极性溶剂,极性溶质一般能溶于极性溶剂。水是极性溶剂,根据"相似相溶"规律,极性溶质比非极性溶质在水中的溶解度大;如果存在氢键,则溶剂和溶质之间的氢键作用力越大,溶解性越好;"相似相溶"还适用于分子结构的相似性。溶质与溶剂相似因素越大,溶解性越好;另外,如果遇到溶质与水发生化学反应的情况,如 SO_2 与水发生反应生成亚硫酸,后者可溶于水,因此将增加 SO_2 的溶解度。

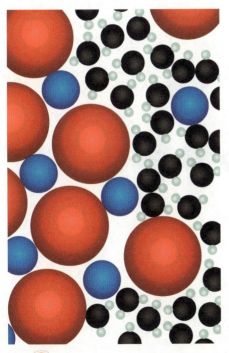

微件 | 溶解性的影响因素

微件 | 水和甲醇的相互溶解(深蓝色虚线为氢键)

某些气体的溶解度（气体的压强为 $1.01×10^5$ Pa，温度为 293 K，在 100 g 水中的溶解度）如表 2.10 所示。

表 2.10 某些气体的溶解度

气体	溶解度（g）	气体	溶解度（g）
乙炔	0.117	乙烯	0.0149
氨气	52.9	氢气	0.00016
二氧化碳	0.169	甲烷	0.0023
一氧化碳	0.0028	氮气	0.0019
氯气	0.729	氧气	0.0043
乙烷	0.0062	二氧化硫	11.28

2. 手性

如下图所示，具有完全相同的组成和原子排列，如左手与右手一样互为镜像，却在三维空间里不能重叠的分子互称手性异构体。有手性异构体的分子叫作手性分子。

AR | D-甘油醛分子模型　　　　　AR | L-甘油醛分子模型

左手　镜子　右手

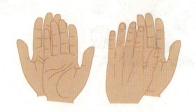

左手与右手不能重合

手性分子一例——高效镇静剂"反应停",它能迅速止痛并减轻孕妇的妊娠反应。其左边分子具有毒副作用,会导致出现畸形儿,而右边分子没有毒副作用。

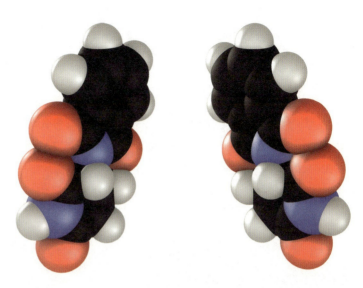

一种名为"反应停"的药物

2001年,诺贝尔化学奖授予三位用手性催化剂生产手性药物的化学家。利用他们的合成方法,可以只得到一种或者主要只得到一种手性分子,得不到或者基本上得不到它的手性异构分子,这种独特的合成方法称为手性合成。手性合成为药物生产带来了巨大的经济效益。手性催化剂只催化或者主要催化一种手性分子的合成,可以将其比喻成握手——手性催化剂像迎宾的主人伸出右手,被催化合成的手性分子像客人,总是伸出右手去握手。

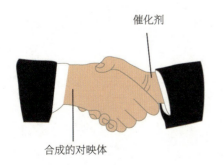

四、无机含氧酸分子的酸性

$$\text{H—O—N} \begin{array}{c} \text{O} \\ \parallel \\ \text{O} \end{array} \qquad \text{HO—S—OH} \begin{array}{c} \text{O} \\ \parallel \\ \text{O} \end{array}$$

HNO_3、H_2SO_4 并不是由 H^+ 和 NO_3^-、H^+ 和 SO_4^{2-} 原子结构组成的。实际上，在它们的分子结构中，氢离子是和酸根上的一个氧相连的。我们知道 HNO_3 和 H_2SO_4 是强酸，而 H_2SO_3 和 HNO_2 是弱酸，即从酸性强弱来看：

$$H_2SO_3 < H_2SO_4$$
$$HNO_2 < HNO_3$$

在氯的含氧酸中也存在类似的情况：

$$HClO < HClO_2 < HClO_3 < HClO_4$$

不难看出，对于同一种元素的含氧酸来说，该元素的化合价越高，其含氧酸的酸性越强。那么如何解释这种现象呢？

化学上有一种见解，认为含氧酸的通式可写成 $(HO)_mRO_n$，如果酸元素 R 相同，则 n 值越大，R 的正电性越高，导致 R—O—H 中 O 的电子向 R 偏移，因而在水分子的作用下，也就越容易电离出 H^+，即酸性越强。

直通竞赛

01 ▶ 分子的极性

1. 极性分子和非极性分子

在分子中,我们引入"电负性"这一概念表示原子对电子吸引的能力:电负性大的原子吸引电子的能力大。在共价键里,若成键的两个原子的电负性相同,即两个原子为同一种元素,那么所形成的共价键称为非极性共价键;如果成键的两个原子的电负性不相同,即两个原子为不同的元素,那么所形成的共价键称为极性共价键。例如,常见的双原子分子非金属单质 O_2、N_2 等,两个原子的电负性一样,意味着它们对成键电子对的吸引力也一样。分子中的电子云均匀地分布着,使得整个分子的正电荷中心跟负电荷中心的位置相重合,分子对外不显现出极性,我们把这种分子称为非极性分子。再看 HF 分子,因为 F 原子的电负性比 H 原子大,所以分子中的共用电子对偏向 F,结果使得 F 一端显现出负电性,而 H 一端显现出正电性,导致分子的正负电荷中心不重合,整个分子形成正负两极,这类分子称为极性分子。

共价键的极性与成键原子的电负性差有关:电负性差越大,则键的极性越大。需要注意的是,分子的极性不仅与键的极性有关,还可能与分子的空间结构密切相关。对于双原子分子而言,若形成的化学键是极性的,显然该分子也是极性的;但是对于多原子分子而言,还必须考虑分子的空间结构。下面用两个分子来说明这个问题。

例如,在 BF_3 和 NH_3 两个分子中,B—F 键与 N—H 键都是极性共价键,如下图所示:

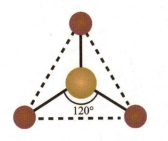

BF_3

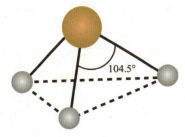

NH_3

BF$_3$分子具有对称性较高的平面三角形结构，正、负电荷中心重合，是非极性分子；NH$_3$分子为三角锥形结构，正、负电荷中心不重合，是极性分子。

分子的极性大小用偶极矩力 μ 来量度，需要注意的是 μ 是一个矢量，它既有大小，又有方向。大小 $\mu=q$（电荷量）$\times d$（偶极长），单位为德拜（Debye），方向从正指向负。下面是一些常见分子的偶极矩。

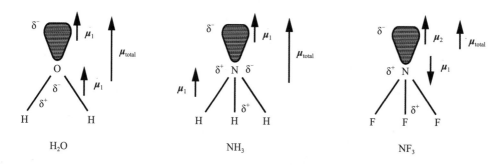

分子的偶极矩是衡量分子极性大小的物理量，分子偶极矩的数据可由实验测定。

2. 永久偶极、诱导偶极和瞬间偶极

（1）永久偶极

极性分子的正负电荷中心不重合，始终存在着一个正极和一个负极，极性分子本身的这种固有偶极称为永久偶极。

（2）诱导偶极

分子的极性并非一成不变的，在外加电场的影响下，非极性分子和极性分子的负电荷中心会发生变化。非极性分子在外电场的作用下，正负电荷中心发生分离，变成具有一定偶极的极性分子；而极性分子在外电场的作用下，其偶极也可以增大。在电场的影响下产生的偶极称为诱导偶极。

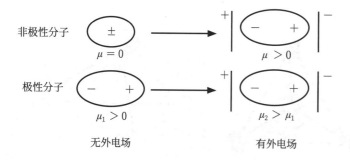

诱导偶极可用 $\Delta \mu$ 表示,其强度大小和电场强度成正比,也和分子的变形性成正比。所谓分子的变形性,为分子的正负电重心的可分相度,分子体积越大,电子越多,变形性越大。

(3)瞬间偶极

非极性分子无外电场时,由于运动和碰撞,原子核和电子之间的相对位置发生变化,其正负电重心可有瞬间的不重合;极性分子也会由于上述原因改变正负电重心。这种由于分子在一瞬间正负电重心不重合而造成的偶极叫作瞬间偶极。瞬间偶极和分子的变形性大小有关。

3. 分子间作用力(范德华力)

化学键指的是原子或者离子之间的强作用力,例如前面提到的离子键、共价键等。它们的键能可以达到一百到几百个千焦每摩尔。除了分子和晶体内部的强作用力之外,分子之间还存在着弱的相互作用,我们称之为分子间作用力或范德华力(van der Waals force),其结合能量在几到几十个千焦每摩尔,与化学键相比较小了一两个数量级。

范德华力由三个部分组成:

(1)取向力

当两个极性分子相互靠近时,由于异性电荷相互吸引,因此一个分子的负电端会与另一个分子的正电端相互靠近,这样就使得众多极性分子发生按一定方向排列的趋势,因此产生分子间引力,这种引力称为取向力。这种力仅存在于极性分子之间,即取向力存在于永久偶极之间或离子与永久偶极之间。

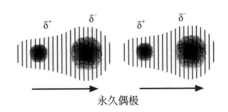

永久偶极

(2)诱导力

极性分子与非极性分子之间和极性分子与极性分子之间都存在着诱导力。诱导力是诱导偶极与永久偶极之间的相互作用。极性分子与非极性分子相互接近时,极性分子的固有偶极使得非极性分子产生诱导偶极,两个偶极之间发生引力作用。同理,两个极性分子相互靠近时,在对方偶极的作用下，每个分子也会发生形变从而产生诱导偶极，两者之间也会存在诱导力作用。

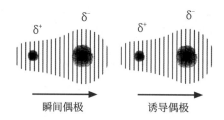

（3）色散力

瞬间偶极与瞬间偶极之间的相互作用称为色散力。因为任何分子均有瞬间偶极，所以色散力存在于极性分子与极性分子、极性分子与非极性分子以及非极性分子与非极性分子之间。而且在通常情况下，色散力是分子间作用力的主要组成，只有极性很大的分子取向力才显得重要，例如水分子。

三种分子间作用力的分配举例如表 2.11 所示。

表 2.11 三种分子间作用力的分配举例

分子	取向力（kJ/mol）	诱导力（kJ/mol）	色散力（kJ/mol）
HCl	15.66	4.73	79.61
NH_3	44.65	5.20	50.15
H_2O	76.90	4.08	19.02

综上所述，分子间的作用力具有以下几个特点：

（1）它是永远存在于分子之间的一种作用力。

（2）它是弱的作用力（几至几十千焦每摩尔）。

（3）它没有方向性和饱和性。

（4）范德华力的作用范围只有几皮米（pm）。

（5）在分子间的三种作用力中，对于大多数分子来说色散力是主要的，水分子除外。

02 ▶ 氢 键

1. 氢键的形成

人们对氢键的认识是从ⅥA族和ⅦA族元素氢化物的沸点开始的。从表 2.12 可以看出 H_2O 和 HF 的沸点比相应的同族元素氢化物反常的高。

表 2.12　ⅥA 族和ⅦA 族元素氢化物的沸点

ⅥA 族氢化物	沸点（℃）	ⅦA 族氢化物	沸点（℃）
H_2O	100	HF	20
H_2S	−60	HCl	−85
H_2Se	−41	HBr	−66
H_2Te	−2	HI	−36

显然 H_2O 分子和 HF 分子之间有一种更强的分子间作用力，我们将其称为氢键，下面就以 HF 分子为例说明氢键的形成。由于 F 原子的电负性比 H 原子大很多，在 F—H 键中共用电子对强烈地偏向于 F 原子一端，结果使得 F 原子带有负电，H 原子几乎成为赤裸的质子且带有正电。当两个 HF 分子之间互相靠近时，带正电荷的 H 原子和带负电荷的 F 原子相互吸引，就产生了氢键作用。

氢键一般用 X—H⋯Y 表示，X 和 Y 可以是相同元素的原子，也可以是不同元素的原子。根据形成氢键的条件可以看出，X 和 Y 要有较高的电负性，一般而言 X 和 Y 是 F、O、N 等电负性大、半径小的原子。

氢键既可以是一个分子在其分子内形成，也可以是两个或多个分子在分子间形成。例如，水杨醛因为同时拥有质子的给予体和受体而在其分子内形成了氢键，氟化氢和甲醇则是在其分子之间形成了氢键。

水杨醛　　　　　固体氟化氢$(HF)_n$　　　　　甲醇四聚体

分子内氢键和分子间氢键生成本质相同。一般来说，若分子内能形成氢键，则优先形成分子内氢键，因为分子内的原子相互接触比分子间来得更为容易。

氢键并不限于在同类分子之间形成。不同类分子之间亦可形成氢键，如醇、醚、酮、胺等相混合时，都能生成类似 O—H⋯O 状的氢键。例如，醇与胺相混合即形成下列形式的氢键：

$$R-O-H\cdots N\begin{matrix}R\\R\\R\end{matrix}$$

2. 氢键的特点

氢键具有饱和性和方向性。氢键的方向性与形成氢键的孤电子对在空间的伸展方向有关，如下图所示：

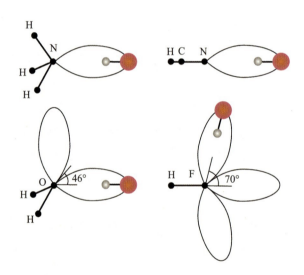

另外，因为氢原子相比 X 和 Y 原子特别小，所以在形成 X—H⋯Y 之后，其他的一个 Y 原子很难靠近。因此，氢键又具有饱和性。

3. 影响氢键强弱的因素

氢键的强弱与原子 X 和 Y 的电负性大小有关，即原子 X、Y 的电负性越大，则氢键越强。另外，其也与原子 Y 的半径大小有关，即原子 Y 的半径越小就越容易接近 H—X 中的氢原子，因此氢键就越强，例如：氟原子的电负性最大而半径很小，所以氢键中的 F—H⋯F 是最强的氢键。在 F—H、O—H、N—H、C—H 系列中，形成氢键的能力随着与氢原子相结合的原子的电负性的降低而递降。碳原子的电负性很小，C—H

一般不能形成氢键。

但需要注意的是，在 H—C≡N 或 HCCl₃ 等中，由于氮原子或氯原子的影响，使碳原子的电负性增大，这时也可以形成氢键。例如，HCN 的分子之间可以生成氢键，三氯甲烷和丙酮之间也能生成氢键：

$$H-C≡N\cdots H-C≡N \qquad \begin{matrix}CH_3\\CH_3\end{matrix}\!\!>\!\!C=O\cdots H-C\!\!<\!\!\begin{matrix}Cl\\Cl\\Cl\end{matrix}$$

4. 一些非常规氢键

除了前面所述的 F、O、N 的氢化物能形成氢键之外，还存在着大量的非常规氢键体系。

（1）X—H⋯π 氢键

在一个 X—H⋯π 氢键中，π 键或离域 π 键体系作为质子（H⁺）的接受体。由苯基等芳香环的离域 π 键形成的 X—H⋯π 氢键，又称为芳香氢键。

（2）X—H⋯M 氢键

在 {(PtCl₄)·cis—[PtCl₂(NH₂Me)₂]²}₋₂ 的结构中，由两个平面四方的 Pt 的 4 配位配离子通过 N—H⋯Pt 和 N—H⋯Cl 两个氢键结合在一起。

（3）X—H⋯H—Y 二氢键

比较下面等电子系列的熔点：

$$H_3C—CH_3 \qquad H_3C—F \qquad H_3N—BH_3$$
$$-181\ ℃ \qquad\quad -141\ ℃ \qquad\quad -104\ ℃$$

82 结构化学

从中可以看出，在 $H_3N—BH_3$ 晶体中，分子间存在不寻常的强烈相互作用。这使人们提出了 X—H⋯H—Y 二氢键的观点。下图示出了 $H_3N—BH_3$ 的结构式。

可以这么理解这个氢键：在上述化合物中 NH_3 中的 H 显正价，BH_3 中的 H 显负价，所以两者的氢原子之间有强烈的静电吸引作用。

5. 氢键对物质性质的影响

氢键的存在对物质的性质有着很大的影响，最常见的就是水不同寻常的物理性质——冰的密度比水小。这是因为水在结成冰以后，会形成大量排列规整的氢键结构，使得分子的排列变得有序而空旷，如下图所示，因此密度减小了。

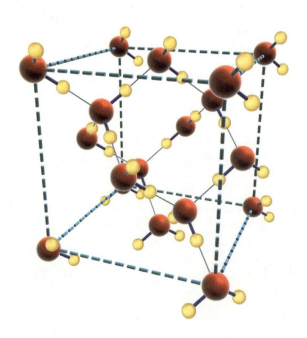

从前面所述的例子中可以看出，当分子间形成氢键时，化合物的熔点和沸点将显著上升。若在晶体内分子之间形成氢键，则晶体变硬，同时熔点有升高的倾向，分子间以氢键相连的化合物，其晶体的硬度和熔点介于离子晶体和由色散力形成的晶体之间。对于液体，分子间氢键也能将构成液体的分子连接起来，使液体的黏度和表面张力增加。

值得注意的是，当分子能与水（溶剂）形成分子间氢键时，则该分子易溶于水（溶剂）。当分子能形成分子内氢键时，则与水（溶剂）难于形成分子间氢键，因而这种分子难溶于水（溶剂）。同样，由于分子形成分子内氢键，分子之间不再缔合而凝聚力较小，因此这种化合物容易气化，沸点偏低。例如，硫酸和磷酸，因为分子间氢键的存在，它们都是高沸点无机酸，而硝酸则因为分子内存在氢键（如下图所示），是挥发性无机酸。

再例如，硝基苯酚的三个异构体中，邻硝基苯酚能生成分子内氢键，不能再与其他邻硝基苯酚分子和水分子生成分子间氢键，因此邻硝基苯酚容易挥发且不溶于水；对硝基苯酚不仅分子之间能生成氢键，且与水分子之间也能生成氢键。

 对硝基苯酚：有分子间氢键 熔点113~114℃

 邻硝基苯酚：有分子内氢键 熔点44~45℃

第三章 晶体结构与性质

第一节 晶体的常识

一、晶体与非晶体

1. 晶体

K₂Cr₂O₇ 晶体　　　　KNO₃ 晶体　　　　萘晶体

晶体是由大量微观物质单位（原子、离子、分子等）按一定规则有序排列而组成的固体，因此可以从结构单位的大小来研究判断排列规则和晶体形态。用肉眼看不到许多固体粉末的晶体外形，但在光学显微镜或电子显微镜下可观察到规则的晶体外形。这充分证明固体粉末仍是晶体，只因晶粒太小，肉眼看不到而已。一般通过以下三条途径得到晶体：

(1) 熔融态物质凝固;
(2) 气态物质冷却不经液态直接凝固(凝华);
(3) 溶质从溶液中析出。

2. 非晶体

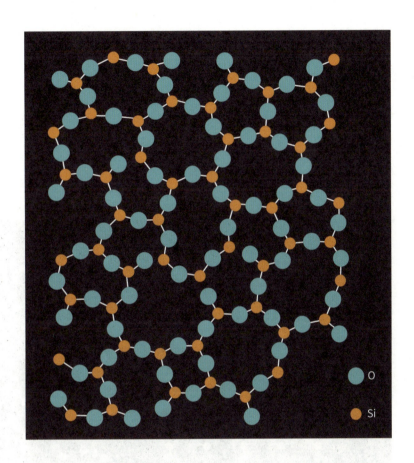

非晶体是指组成物质的原子(或分子、离子)不呈空间有规则周期性排列的固体,它没有一定规则的外形。它的物理性质在各个方向上是相同的,叫"各向同性"。它没有固定的熔点,所以有人把非晶体叫作"过冷液体"或"流动性很小的液体"。玻璃体是典型的非晶体,所以非晶态又被称为玻璃态。重要的玻璃体物质有氧化物玻璃、金属玻璃、非晶半导体和高分子化合物。

3. 晶体与非晶体的本质差异

晶体与非晶体的本质差异如表 3.1 所示。

表 3.1 晶体与非晶体的本质差异

	自范性	微观结构
晶体	有（能自发呈现多面体外形）	原子在三维空间里呈周期性有序排列
非晶体	没有（不能自发呈现多面体外形）	原子排列相对无序

晶体的自范性是指晶体能自发地呈现多面体外形的性质。所谓自发过程，即自动发生的过程。不过，"自发"过程的实现，仍需要一定的条件。例如，水能自发地从高处流向低处，但若不打开拦截水流的闸门，水库里的水就不能下泄。晶体呈现自范性的条件之一是晶体生长的速率适当。熔融态物质冷却凝固，有时可得到晶体，但由于凝固速率过快，常常只是得到看不到多面体外形的粉末或没有规则外形的块状物。

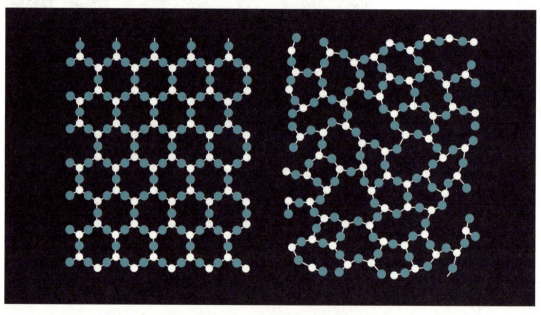

晶体二氧化硅和非晶体二氧化硅的投影示意图

本质上，晶体的自范性是晶体中粒子在微观空间呈现周期性的有序排列的宏观表象。相反，非晶体中粒子的排列则相对无序，因而无自范性。晶体的特点并不仅限于外形和内部质点排列的高度有序性，它们的许多物理性质，如强度、导热性、光学性质等，常常会表现出各向异性。而非晶体则不具有物理性质各向异性。

4. 晶体结构的堆积模型

（1）等径圆球的密堆积

非密置层（配位数为 4） 　　　　　密置层（配位数为 6）

由于金属键没有方向性，每个金属原子中的电子分布基本上是球对称的，所以可以把金属晶体看成是由直径相等的圆球在三维空间堆积而成的。正是由于在整个金属晶体中不停运动的"自由电子"的作用，球状的金属原子能够紧密堆积以降低体系的能量。这样，金属晶体的结构形式可以归结为等径圆球的密堆积。等径圆球在排列上进行紧密堆积的方式只有一种，即所有的圆球都在一条直线上排列。等径圆球在平面上的堆积方式很多，上图中给出球堆积层的两种模式，但在一个平面上进行最紧密堆积排列的只有一种，即只有当每个等径圆球与周围其他六个球相接触时才能做到最紧密堆积，这样形成的层称为密置层。

（2）非等径圆球的密堆积

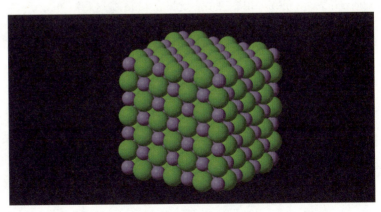

NaCl 晶体的结构模型

在由离子构成的晶体中，构成晶体的离子中的电子分布基本上也是球对称的，因此它们同样可以视为占据一定体积的圆球；而且由于离子间存在着无方向性的静电作用，每个离子周围会尽可能多地吸引带相反电荷的离子以达到降低体系能量的目的。但是，阴、阳离子的半径是不相同的，因此离子晶体可以视为不等径圆球的密堆积，即将不同半径的圆球的堆积看成是大球先按一定方式做等径圆球的密堆积，小球再填充在大球所形成的空隙中。

二、晶胞

1. 晶胞

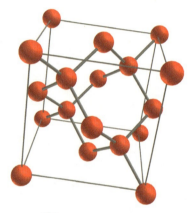

AR | 金刚石晶胞

在描述晶体微观空间里原子的排列时，无须画出千千万万个原子，只需在晶体微观空间里取出一个基本单元。这种描述晶体结构的基本单元叫作晶胞。可用蜂巢和蜂室的关系比喻晶体和晶胞的关系。

2. 晶胞中原子数的计算

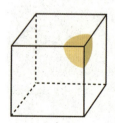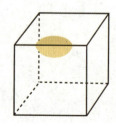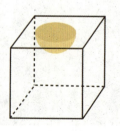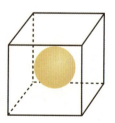

原子在晶胞的顶点、棱、面及内部时，一个晶胞平均占有的原子数

晶胞只是晶体微观空间里的一个基本单元，在它的上下、左右、前后无隙并置地排列着无数个晶胞，而且所有晶胞的形状及其内部的原子种类、个数及几何排列是完全相同的。也就是说，晶胞顶点上的原子是 8 个晶胞共用的，晶胞棱上的原子是 4 个晶胞共用的，晶胞面上的原子是 2 个晶胞共用的。因此，金属铜的一个晶胞的原子数 $= 8 \times (1/8) + 6 \times (1/2) = 4$ 个。总之，晶胞是 8 个顶点相同的最小平行六面体；晶胞的平行棱相同；晶胞的平行面相同。

第二节　分　子　晶　体

一、分子晶体概述

1. 分子晶体的概念及性质

只含分子的晶体称为分子晶体。分子内的原子以共价键结合，相邻分子靠分子间作用力（包括范德华力和氢键）相互吸引。分子晶体的熔、沸点低，硬度小，易升华，固体和熔融状态下不导电，有些在水溶液中能导电。其本质原因是分子间作用力很弱。分子晶体熔、沸点的比较分以下几种类型：

（1）分子间作用力越大，物质的熔、沸点越高；具有氢键的分子晶体，熔、沸点反常地高，如表 3.2 所示。如 $H_2O > H_2Te > H_2Se > H_2S$。

（2）不含氢键且组成和结构相似的分子晶体，相对分子质量越大，其熔、沸点越高。如 $SnH_4 > GeH_4 > SiH_4 > CH_4$。

（3）组成和结构不相似的物质（相对分子质量接近），分子的极性越大，其熔、沸点越高。如 $CO > N_2$，$CH_3OH > CH_3CH_3$。

（4）同分异构体的支链越多，熔、沸点越低。如 $CH_3CH_2CH_2CH_3 >$ $CH_3CH(CH_3)CH_3$。

2. 常见的分子晶体

（1）所有非金属氢化物，如 H_2O、H_2S、NH_3、CH_4、HX 等；

(2) 部分非金属单质，如卤素(X_2)、O_2、H_2、S_8、P_4、C_{60} 等；

(3) 部分非金属氧化物，如 CO_2、SO_2、NO_2、P_4O_6、P_4O_{10} 等；

(4) 几乎所有的酸，如 H_2SO_4、HNO_3、H_3PO_4 等；

(5) 绝大多数的有机物晶体，如乙醇、乙酸、蔗糖等；

(6) 稀有气体，如 He、Ne 等。

表 3.2 某些分子晶体的熔点

分子晶体	氧	氮	白磷	水
熔点（℃）	−218.3	−210.1	44.2	0
分子晶体	硫化氢	甲烷	乙酸	尿素
熔点（℃）	−85.6	−182.5	16.7	132.7

二、分子密堆积

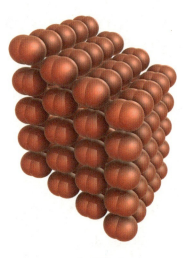

O_2 晶胞

C_{60} 晶胞

大部分分子的结构具有如下特征：如果分子间作用力只有范德华力，以一个分子为中心，其周围通常有 12 个紧邻的分子，如上图中的 O_2、C_{60} 和 CO_2 分子晶体的这一特征称为分子密堆积。

为什么冰浮在水面上，而干冰却沉入海底？

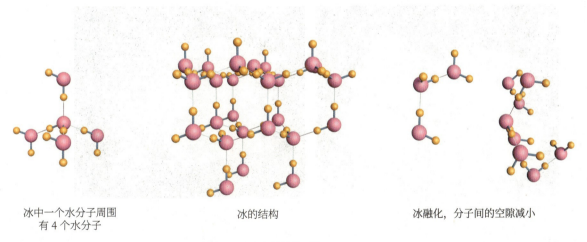

| 冰中一个水分子周围 | 冰的结构 | 冰融化，分子间的空隙减小 |
| 有 4 个水分子 | | |

冰和液态水的结构对比

　　分子间还有其他作用力的分子晶体，如我们最熟悉的冰，冰分子之间的主要作用力是氢键（当然也存在范德华力）。在冰的晶体中，每个水分子周围只有 4 个紧邻的水分子，尽管氢键比共价键弱很多，不属于化学键，但却跟共价键一样具有方向性。即氢键的存在迫使在四面体中心的每个水分子与四面体顶点方向的 4 个相邻水分子相互吸引，这一排列使冰分子中的水分子的空间利用率不高，留有相当大的空隙，这种分子不具有分子密堆积特征。

92 结构化学

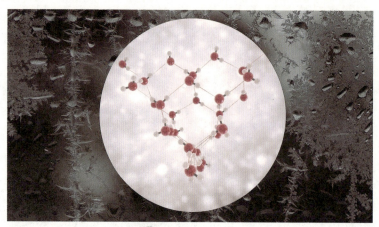

视频 | 冰与液态水

当冰刚刚融化为液态水时,热运动使冰的结构部分解体,水分子间的空隙减小,密度反而增大,超过 4 ℃时,才由于热运动加剧,分子间距离增大,密度反而减小。因此,冰的密度小于液态水的密度。

干冰

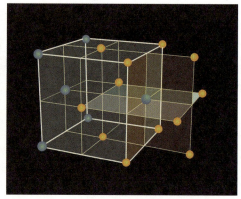

CO_2 晶体结构

有一种晶体叫作干冰,是 CO_2 的晶体。干冰的外观很像冰,硬度也跟冰相似,而熔点却比冰低很多,在常温下极易升华,而且由于干冰中的 CO_2 分子之间只存在范德华力,不存在氢键,一个分子周围有 12 个紧邻分子,密度比冰高,所以其会沉入水底。

C 和 Si 同属于第 IVA 族元素,为什么 CO_2 和 SiO_2 的物理性质(表 3.3)却相差很大呢?

由下面 CO_2 晶胞和 SiO_2 晶胞的结构可知,CO_2 是分子晶体,而 SiO_2 是原子晶体,所以它们的性质相差较大。

表3.3 CO_2和SiO_2的物理性质比较

	熔点（°C）	状态（室温）
CO_2	−56.2	气体
SiO_2	1723	固体

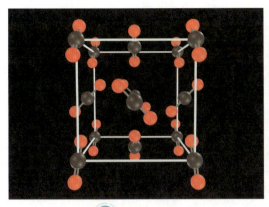
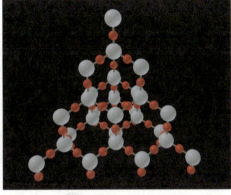

 CO_2晶胞
 SiO_2晶胞

科学视野

天然气水合物 —— 一种潜在的能源

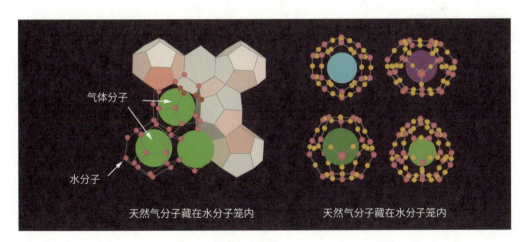

天然气水合物

海底存在大量天然气水合物晶体，它们在水合物晶体里装在以氢键相连的几个水分子构成的笼内，这种晶体的主要气体成分是甲烷，因而又称甲烷水合物。它的外形像冰，而且在常温常压下可迅速分解释放出可燃的甲烷，因而又称可燃冰。

第三节 原子晶体

一、原子晶体概述

1. 原子晶体的概念及性质

原子晶体是指相邻原子间以共价键相结合形成的具有空间立体网状结构的晶体。整块晶体是一个三维的共价键网状结构，它是一个"巨分子"，又称共价晶体。原子晶体一般具有熔、沸点高，硬度大，不导电，难溶于常见的溶剂等性质。由于共价键具有方向性和饱和性，所以每个中心原子周围排列的原子数目是有限的；所有原子间均以共价键相结合，所以晶体中不存在单个分子。

2. 常见的原子晶体

常见的原子晶体包括以下几种：

（1）某些非金属单质：金刚石（C，钻石）、晶体硅（Si，晶体管材料）、晶体硼（B）等；

（2）某些非金属化合物：碳化硅（SiC）晶体、氮化硼（BN）晶体、氮化硅（Si_3N_4）晶体等；

（3）某些氧化物：二氧化硅（SiO_2，石英）等。

如表 3.4 所示，金刚石、碳化硅、晶体硅的熔点和硬度依次下降的原因是：结构相似的原子晶体，原子半径越小，键长越短，键能越大，晶体熔点越高，硬度越大。

表 3.4 三种原子晶体的比较

物质	金刚石	碳化硅	晶体硅
熔点（℃）	3350	2600	1415
硬度	10	9	7

二、典型代表 —— 金刚石

金刚石

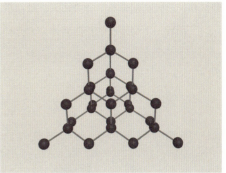

AR | 金刚石晶胞

天然金刚石的单一晶体经常呈现规则多面体的外形，从这种外形就可以想象，在金刚石晶体中，每个碳采取 sp^3 方式进行杂化后，以共用电子的方式对称地与相邻的 4 个碳原子结合，形成空间网状结构。C—C—C 夹角为 109.5°，C—C 键长为 154 pm。

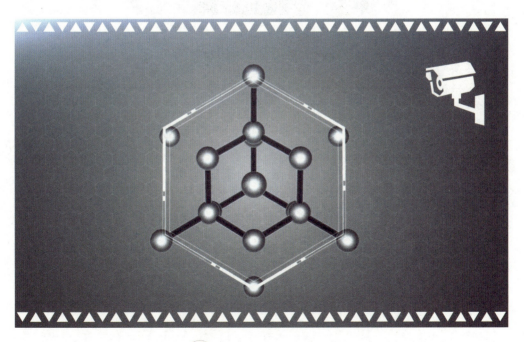

视频 | 金刚石结构

96　结 构 化 学

　　结构决定性质，性质决定用途。金刚石是自然界中最坚硬的物质，还具有熔点高的特点，因此也就具有了许多重要的工业用途，如精细研磨材料、高硬切割工具、各类钻头、拉丝模。

　　下面看一下金刚石的正四面体、六元环、晶胞等结构。

微件｜金刚石的结构

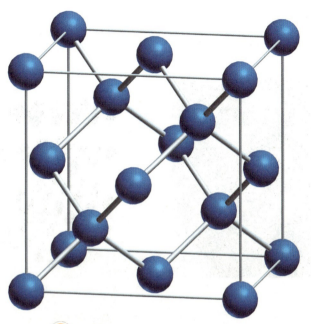

微件 | 金刚石晶胞原子坐标参数

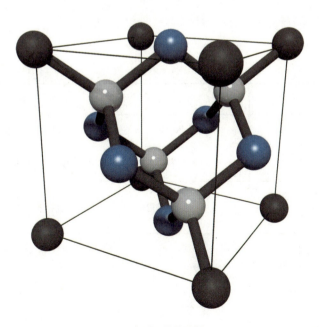

金刚石晶胞图解

注：8 个黑色的碳原子处于晶胞的顶点位置，6 个蓝色的碳原子处于晶胞的 6 个面上，4 个灰色的碳原子处于晶胞内部。

每个晶胞含有的碳原子数为 8×（1/8）+6×（1/2）+4=8 个。

三、金刚石的一种同素异形体 —— 石墨

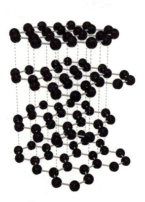

石墨

AR｜石墨结构

金刚石和石墨都是由碳元素组成的，但它们的性质却有很大差异。石墨是一种灰黑色、不透明、有金属光泽的晶体。其结构为片层状，碳原子采取 sp^2 方式进行杂化，每个碳原子以三个共价键与其他碳原子相结合，层内碳原子排列成平面六边形。同层中的离域电子可以在整层活动，层间碳原子以范德华力相结合。金刚石与石墨的比较见表 3.5。

表 3.5　金刚石与石墨的比较

项目		金刚石	石墨
晶体形状		正四面体空间网状	六边形平面层状
晶体中的键或作用力		共价键	共价键与范德华力
由最少碳原子形成环的形状与个数		六个原子不同面	六个原子同面
碳原子成键数		4	3
每个环中	键的平均数	$6×\dfrac{1}{6}=1$	$6×\dfrac{1}{2}=3$
	原子的平均数	$6×\dfrac{1}{12}=\dfrac{1}{2}$	$6×\dfrac{1}{3}=2$

金刚石与石墨的不同之处：

（1）石墨很软：石墨为层状结构，各层之间以范德华力结合，容易滑动，所以石墨很软。

（2）石墨的熔、沸点很高（高于金刚石）：由于石墨各层均为平面网状结构，碳原子之间存在很强的共价键（大π键），故其熔、沸点很高。

（3）石墨的晶体类型：由于其层与层之间是范德华力和微弱的分子间力，因此它具有分子晶体的特性。又因为其层内是碳碳键，采用 sp^2 杂化方式，形成遍及整个平面的大π键，故属于原子晶体类型。而且石墨的导电性表现出来的是金属键的性质，因此整体来说，石墨属于混合型晶体。

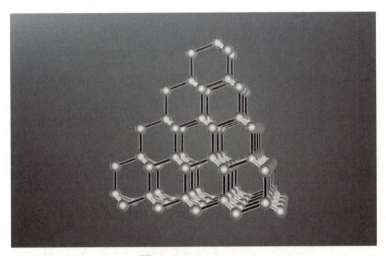

▶ 视频｜石墨合成金刚石

经过多年的探索，从理论上论证了合成金刚石需要的高温、高压条件之后，才逐渐从实验探索发展成大规模的工业生产。高压合成金刚石的原料是廉价的石墨。用高压釜施加高温、高压并加入金属镍等金属催化剂，石墨可转化为金刚石。此外也可借爆炸产生的高温、高压合成，但后者得到的金刚石颗粒细小，只能用作磨料。人造金刚石虽产量高，但廉价而大量地合成宝石级的金刚石仍是人类未攻克的难题。

分子晶体与原子晶体的比较

分子晶体与原子晶体的比较见表 3.6。

表 3.6 分子晶体与原子晶体的比较

晶体类型	原子晶体	分子晶体
概念	相邻原子间以共价键相结合而形成空间网状结构	分子间以分子间作用力相结合
组成微粒	原子	分子
作用力	共价键	分子间作用力
熔、沸点	很大	较小
硬度	很大	较小
溶解性	不溶于任何溶剂	部分溶于水
导电性	不导电，个别为半导体	固体和融化状态都不导电，部分溶于水导电

判断非金属元素组成的晶体是分子晶体还是原子晶体的方法有：

（1）依据构成晶体的粒子和粒子间的作用判断：原子晶体的构成粒子是原子，原子间的作用是共价键；分子晶体的构成粒子是分子，分子间的作用是范德华力。

（2）记忆常见的、典型的原子晶体。常见的原子晶体有：① 某些非金属单质，如硼、硅等；② 某些非金属化合物，如碳化硅、氮化硼、二氧化硅等。

（3）依据晶体的熔、沸点判断：原子晶体的熔、沸点高，常在 1000 ℃ 以上；分子晶体的熔、沸点低，常为几百摄氏度甚至更低的温度。

（4）依据导电性判断：分子晶体为非导体，但部分分子晶体溶于水后能电离出自由移动的离子，故能导电；原子晶体多数为非导体，但晶体硅、晶体锗是半导体。

（5）依据硬度和机械性能判断：原子晶体硬度大，分子晶体硬度小且较脆。

第四节 离子晶体

一、离子晶体概述

1. 离子晶体的概念及性质

离子晶体是由阳离子和阴离子通过离子键结合而成的晶体。离子晶体种类繁多、结构多样。在离子晶体中，离子间存在着较强的离子键，使离子晶体的硬度较大，难于压缩；而且，要使离子晶体由固态变成液态或气态，需要较多能量破坏这些较强的离子键。因此，一般地说，离子晶体具有较高的熔点和沸点，如 NaCl 的熔点为 801 ℃，沸点为 1413 ℃；CsCl 的熔点为 645 ℃，沸点为 1290 ℃。

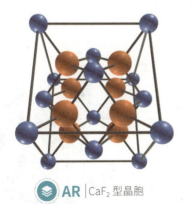

AR | CaF₂ 型晶胞

AR | ZnS 型晶胞

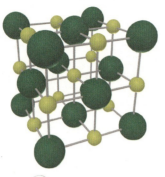

AR | NaCl 型晶胞

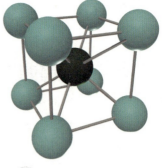

AR | CsCl 型晶胞

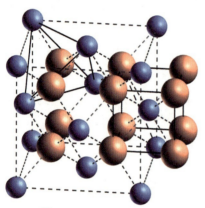

微件 | CaF₂ 晶胞配位数

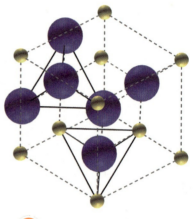

微件 | ZnS 晶胞配位数

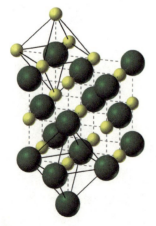

微件 | NaCl 型晶胞配位数

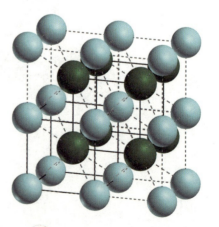

微件 | CsCl 型晶胞配位数

2. 离子晶体中离子的配位数

离子晶体中离子的配位数（缩写为 C. N.）是指一个离子周围最邻近的异电性离子的数目。CsCl、NaCl 的阳离子和阴离子的比例都是 1∶1，同属 AB 型离子晶体。由于正、负离子电荷（绝对值）相同，于是，正、负离子的个数相同，结果导致正、负离子的配位数相等，如在 NaCl 中，Na^+ 和 Cl^- 的配位数均为 6。如果正、负离子的电荷不同，正、负离子的个数必定不相同。这种正、负离子的电荷比也是决定离子晶体结构的重要因素，简称电荷因素。例如，在 CaF_2 晶体中，Ca^{2+} 和 F^- 的电荷比（绝对值）是 2∶1，Ca^{2+} 和 F^- 的个数比是 1∶2；Ca^{2+} 的配位数为 8，F^- 的配位数为 4。

ZnS 晶体的结构有两种形式，即立方 ZnS 和六方 ZnS，它们的化学键的性质相同，都是由离子键向共价键过渡，具有一定的方向性。Zn 原子和 S 原子的配位数都是 4，不同的是原子堆积方式有差别。在立方 ZnS 晶体中，S 原子作立方最密堆积，Zn 原子填在一半的四面体空隙中，形成立方面心点阵；在六方 ZnS 晶体中，S 原子作六方最密堆积，Zn 原子填在一半的四面体空隙中，形成六方面心点阵。

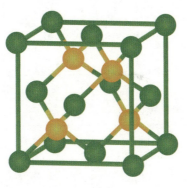
立方 ZnS 晶体

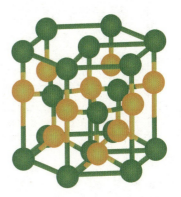
六方 ZnS 晶体

二、晶格能

1. 晶格能的概念及性质

晶格能又叫点阵能。它是在反应时 1 mol 离子化合物中的正、负离子从相互分离的气态结合成离子晶体时所释放出的能量。晶格能越大，熔化或破坏离子晶体时消耗的能量就越大，相应的熔点就越高，硬度就越大。晶格能的大小决定了离子晶体的稳定性，用它可以解释和预言离子晶体的许多物理和化学性质。晶格能永远是负数，这是因为晶格能的定义强调了离子键的形成，而不是离子键的破裂，因此其反应永远是放热反应。晶格能也可以看成是破坏 1 mol 晶体，使它变成完全分离的气态自由离子所需要消耗的能量。在标准状况下，拆开单位物质的量的离子晶体使其变为气态组分离子所需吸收的能量，称为离子晶体的晶格能，用化学反应式表示时，相当于下面反应式中的焓变的值：

$$M_aX_b(s) \longrightarrow aM^{z+}(g) + bX^{z-}(g), \quad U=\Delta H$$

2. 晶格能的影响因素及作用

（1）晶格能的影响因素：由表 3.7 可知，晶格能与离子半径成反比，与离子电荷成正比。

（2）晶格能的作用：由表 3.8 可知，晶格能越大，离子键越强，形成的离子晶体越稳定；晶格能越大，熔点越高；晶格能越大，硬度越大。

表 3.7 某些离子晶体的晶格能 (kJ/mol)

	F^-	Cl^-	Br^-	I^-
Li^+	1036	853	807	757
Na^+	932	786	747	704
K^+	821	715	682	649
Rb^+	785	689	660	630
Cs^+	740	659	631	604

表 3.8 晶格能对某些离子晶体的物理性质所起的作用

AB 型离子晶体	离子电荷	晶格能 (kJ/mol)	熔点 (°C)	摩氏硬度
NaF	1	923	993	3.2
NaCl	1	786	801	2.5
NaBr	1	747	747	<2.5
NaI	1	704	661	<2.5
MgO	2	3791	2852	6.5
CaO	2	3401	2614	4.5
SrO	2	3223	2430	3.5
BaO	2	3054	1918	3.3

3. 岩浆晶出规则与晶格能

火山喷出的岩浆是一种复杂的混合物，冷却时，许多矿物相继析出，简称"岩浆晶出"。实验证明，岩浆晶出的次序与晶格能的大小有关，硅酸盐从岩浆中晶出的次序也基本上与晶格能的大小有关。

矿物从岩浆中先后结晶的规律被称为岩浆晶出规则，它是由美国矿物学家鲍文（N. L. Bowen）在 1922 年首先提出的。晶体从岩浆析晶的难易程度不仅与岩浆的组成有关，还与析出晶体的晶格能大小有关：晶格能高的晶体熔点较高，更容易在岩浆冷却过程中先结晶。鲍文提出的析晶规律被 20 世纪发展起来的实验地质学的大量实验事实所证明，他因此被推崇为实验地质学的先驱。

01 ▶ 离 子 键

1. 离子键的本质

通过电子的得失（或转移）形成阴阳离子而形成的化学键，称为离子键。

对于价电子数不止一个的金属元素如 Ca 等，在化合时，接受其价电子的非金属元素原子数可以不止一个，后者的数目由非金属元素的原子结构所决定。例如：

$$Ca \overset{\times}{\underset{\times}{\cdot}} + \cdot \overset{\cdot \cdot}{\underset{\cdot \cdot}{O}} : \longrightarrow Ca^{2+}[:\overset{\cdot \cdot}{\underset{\cdot \cdot}{O}}:]^{2-}$$

2. 离子键的形成

1916 年德国科学家科塞尔（Kossel）提出离子键理论。离子键的形成分成几个步骤（以 NaCl 为例）：

第一步：电子转移形成离子，如 $Na - e^- \longrightarrow Na^+$；$Cl + e^- \longrightarrow Cl^-$。相应的电子构型变化为 $2s^2 2p^6 3s^1 \longrightarrow 2s^2 2p^6$；$3s^2 3p^5 \longrightarrow 3s^2 3p^6$。

分别形成 Ne 和 Ar 的稀有气体原子的结构，形成稳定离子。

第二步：靠静电作用，形成化学键。

体系的势能与核间距之间的关系如下图所示：

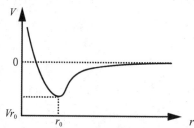

其中，r 为核间距，V 为体系的势能，纵坐标的零点就是当 r 无穷大，即两核之间无限远时的势能。

下面来考察 Na^+ 和 Cl^- 彼此接近的过程中，势能 V 的变化情况。

由上图可知，当 $r > r_0$ 时，若 r 减小，则正负离子靠静电相互吸引，势能 V 减小，体系趋于稳定。

当 $r = r_0$ 时，V 有极小值，此时体系最稳定，表明形成离子键。

当 $r < r_0$ 时，若 r 减小，则 V 会急剧上升。因为 Na^+ 和 Cl^- 彼此再接近时，电子云之间的斥力急剧增加，导致势能骤然上升。

因此，离子相互吸引并保持一定的距离时，体系最稳定，这就意味着形成了离子键。r_0 和键长有关，而 V 和键能有关。

离子键的形成条件：

（1）元素的电负性差比较大

$\Delta X > 1.7$：发生电子转移，产生阴阳离子，形成离子键（实际上 $\Delta X > 1.7$ 是指离子键的成分大于 50%）；

$\Delta X < 1.7$：不发生电子转移，形成共价键。

（2）易形成稳定离子

Na^+：$2s^22p^6$，Cl^-：$3s^23p^6$，这说明只转移少数的电子就可达到稀有气体式稳定结构。

（3）形成离子键时释放能量多

$$Na(s) + \frac{1}{2}Cl_2(g) \Longrightarrow NaCl(s) \quad \Delta H = -410.9 \text{ kJ/mol}$$

在形成离子键时，以放热的形式释放较多的能量。

3. 离子键的特点

（1）作用力的实质为静电作用力

可用物理学中的点电荷静电引力计算公式 $F = \dfrac{kq_1q_2}{r^2}$ 来定性说明（其中 q_1、q_2 分别为阴、阳离子所带电量，r 为阴、阳离子的核间距离，F 为静电引力）。F 越大，其离子键越强。

（2）没有方向性

由于离子电荷的分布是呈球状对称的，它在任何方向都可以和相反电荷的离子相互吸引。

（3）无饱和性

离子之间的静电作用使得每个离子都可以同时与几个相反电荷的离子作用，并在空间的三个方向继续延伸下去，最后形成一个巨大的离子型晶体，如 NaCl 晶体。

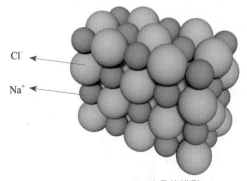

NaCl 晶体模型

当原子丢失电子变为阳离子时，离子的半径将小于原子的半径（有的可缩小一半左右）；反之，当原子得到电子变为阴离子时，离子的半径将大于原子的半径（有的可扩大近 1 倍）。这是因为形成阳离子时少了一个电子层，形成阴离子时同层电子数增多了，互斥作用力增强了，等等。

以离子键结合而成的化合物称为离子化合物（某些复杂分子中只有部分原子间以离子键结合，但仍属于离子化合物的范畴）。离子化合物和现代社会及生活有着密切的关系。除去常见的食盐、纯碱、化肥都以离子化合物（$NaCl$、Na_2CO_3、NH_4NO_3 等）为主要成分外，在药品、洗涤剂、电镀液等的成分中也有离子化合物。

需要说明的是，离子键与元素的电负性有关。当电负性之差 $\Delta X>1.7$ 时，发生电子转移，形成离子键；当 $\Delta X<1.7$ 时，不发生电子转移，形成共价键。离子键和共价键之间并非可以截然区分的。可将离子键视为极性共价键的一个极端，而另一极端则为非极性共价键。但在高中阶段，我们为简化起见，将离子键和共价键截然分开，即物质成键不是离子键就是共价键。

4. 离子键强弱的判断方法

在离子型晶体中，阴、阳离子之间结合力的大小可以用晶格能（U）来表示。所谓晶格能是指 1 mol 气态阳离子和阴离子结合形成 1 mol 固态离子化合物时所放出的能量。晶格能越大，表示离子间的结合力（离子键）越强，化合物越稳定。它的大小用 kJ/mol 表示。对于相同类型的离子型晶体，阴、阳离子的核间距离越大，离子电荷越小，则晶格能就越小，它所表现的熔点和硬度就越低，反之则晶格能大，熔点、沸点、硬度高。

02 ▶ 离 子 晶 体

1. 离子晶体的判断方法

离子晶体的形成一般有两种：

（1）由金属性强的金属元素和非金属性强的非金属元素形成离子晶体：中等活泼的金属元素必须与活泼的非金属元素形成离子晶体；中等活泼的非金属元素必须与活泼的金属元素形成离子晶体。

例如：CsF 是最为典型的离子晶体；Al 为准金属，AlF_3 为离子晶体，而 $AlCl_3$ 为分子晶体；Be 为准金属，BeF_2 为离子晶体，而 $BeCl_2$ 晶体复杂，一般为分子晶体。

（2）共价型离子晶体：这类晶体的特点是部分由共价键结合，但阴、阳离子由离子键结合，如铵盐 NH_4X 等。这种类型在复杂的化合物中比较常见。

2. 晶体熔、沸点高低比较

（1）不同类型晶体熔、沸点高低比较

一般而言，原子晶体＞离子晶体＞金属晶体＞分子晶体。

（2）同种类型晶体熔、沸点高低比较

① 若都为原子晶体，当原子间都以共价单键结合成晶体时，键能越大，熔、沸点越高。可根据原子半径大小，进而推知键长和键能大小，从而判断熔、沸点高低，如金刚石＞晶体硅。

② 若都为离子晶体，通常可根据离子半径和离子电荷数推断离子键的强弱。离子半径越小，离子电荷数越高，离子键越强，则熔、沸点越高，如 NaF＞NaCl。

③ 若都为分子晶体，则看分子间作用力强弱。对于组成结构相似的分子晶体，相对分子质量越大，范德华力越大，熔、沸点越高；当分子相对质量相同时，分子极性强的物质熔、沸点高，如 CO＞N_2。

03 ▶ 晶　　胞

晶胞是描述晶体微观结构的基本单位。整块晶体可视作成千上万个晶胞"无隙并置"地堆积而成。常用晶胞都是平行六面体，按其几何特征（边长和夹角）可以分为立方、四方、正交、单斜、三斜、六方和菱方7个系（统称布拉维系），它们的边长与夹角被称为晶胞参数。

考察一个晶胞，绝对不能把它当作游离孤立的几何体，而需"想见"它的上下、左右、前后都有完全等同的晶胞与之相邻。从一个晶胞平移（进行矢量平移）到另一个晶胞，不会察觉其是否移动。晶胞的8个顶点、平行的面以及平行的棱一定是完全等同的。下图中的实线小立方体不是氯化钠晶胞和金刚石晶胞，因为它们的顶点不等同，图中的虚线大立方体才分别是氯化钠晶胞和金刚石晶胞，其上下、左右、前后都有等同的相邻晶胞。

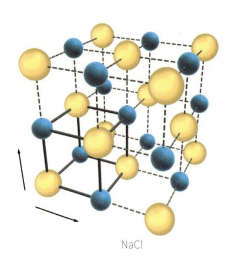

NaCl

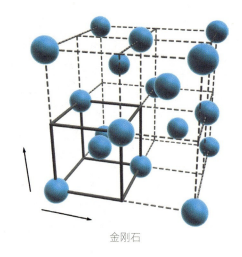

金刚石

　　如下图金属镁所示，初看起来，六方柱体由三个晶胞构成，其底面中心的原子为6个晶胞共用。这种错误其实是忘记了图中构成六方柱的一个平行六面体并非"并置"，从一个平行六面体到另一个平行六面体需要旋转，即只能取其一而不能同时取其三为晶胞。若取其中位于前右的平行六面体为晶胞，其相邻晶胞为如虚线所画的平行六面体，其他晶胞也全都如此取向。总之，晶胞的顶点永远为8个晶胞所共用；同时也应注意，六方柱不是六方晶胞。

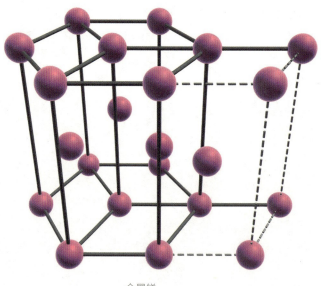

金属镁

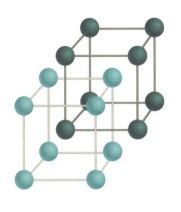
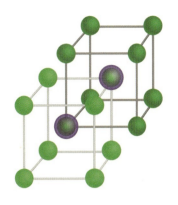

Na　　　　　　　　　　　　　CsCl

考察某晶胞是否为体心晶胞最简单的方法是：将晶胞框架（围拢晶胞的平行六面体）的顶点平移到原晶胞的体心位置（晶胞内外原子的位置保持在原位不动！），若移位后的框架围拢的新晶胞里所有原子的位置与原晶胞里所有原子的位置一一对应相等，就表明是体心晶胞，否则就不是体心晶胞。例如，上图中的金属钠是体心晶胞，而氯化铯则不是体心晶胞而是素晶胞。用同样方式将原晶胞框架的顶点平移到原晶胞的任一面心位置得到的新晶胞与原晶胞无差别，则这种晶胞叫作面心晶胞。例如，下图中的金刚石是面心晶胞而干冰是素晶胞，因为干冰晶胞中处于面心位置的二氧化碳分子与处于顶点位置的二氧化碳分子的取向互不相同，框架移动后得到的新晶胞中原子的位置不同于原晶胞中原子的位置了。所谓素晶胞是最小的晶胞，是不可能再小的晶胞，与之相对的是复晶胞，它是素晶胞的多倍体。

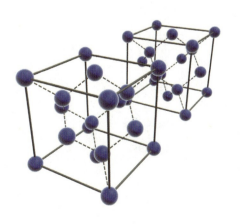
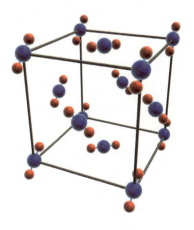

金刚石（面心晶胞）　　　　　　　　　　干冰（素晶胞）

04 ▶ 几种常见的离子晶体

1. CsCl 型晶体

CsCl 型晶体的晶胞形状是立方体，晶胞的大小由边长确定。Cl^- 处于立方体的顶点，Cs^+ 处于立方体的中心。整个晶格是由 Cl^- 的简单立方点阵形式和 Cs^+ 的简单阵形式相套而成的，正、负离子的配位数都是 8，即配位比为 8∶8，其中正离子处于负离子构成的立方体的空隙中，每个 CsCl 晶胞中都含有一个 Cl^- 和一个 Cs^+。TlCl、CsI、CsBr 等都属于 CsCl 型晶体。

2. NaCl 型晶体

NaCl 型晶体的晶胞形状也是正立方体，但它属于面心立方晶胞。NaCl 点阵形式是由 Na^+ 的面心立方点阵形式和 Cl^- 的面心立方点阵形式沿边长 1/2 处相套而成的。正、负离子的配位数都是 6，即配位比为 6∶6，其中每个 Na^+（Cl^-）周围的六个 Cl^-（Na^+）构成一个正八面体，Na^+ 处于正八面体的空隙中，每个 NaCl 晶胞中都含有四个 Na^+ 和四个 Cl^-。KI、LiF、NaBr、MgO、CaO 和 NaCl 一样都属于面心立方晶胞。

3. ZnS 型晶体

ZnS 虽不属于离子晶体范围，但因结构典型，其晶型是一些 AB 型离子晶体的代表，故习惯上常把此类离子晶体称为 ZnS 型，在此一并列入。

ZnS 型晶体有两种，一种是立方 ZnS 型（又称闪锌矿型），另一种是六方 ZnS 型。立方 ZnS 型的形状为立方体，属于面心立方晶胞，其晶格是由 Zn^{2+} 的面心立方点阵形式和 S^{2-} 的面心立方点阵形式相套而成的，正、负离子的配位数均为 4，即配位比为 4∶4，每个 Zn^{2+}（S^{2-}）周围的四个 S^{2-}（Zn^{2+}）构成一个正四面体，Zn^{2+} 处于正四面体的空隙中，每个晶胞中含有四个 Zn^{2+} 和四个 S^{2-}。BeS、BeSe 等与 ZnS 型一样是立方面心晶体。

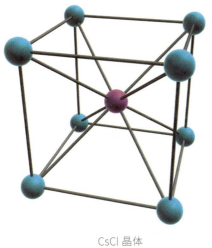
CsCl 晶体

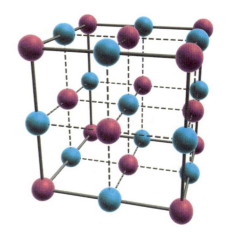
NaCl 晶体

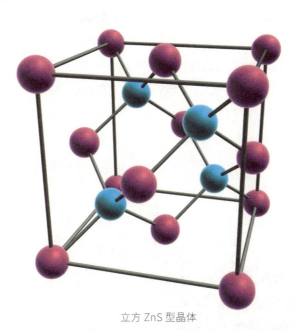
立方 ZnS 型晶体

第五节　金属晶体

一、金属键

在金属单质的晶体中，原子之间以金属键（metallic bond）相互结合。金属键是由自由电子和金属阳离子之间的静电吸引而形成的。由于电子的自由运动，金属键没有固定的方向。金属键的强弱通常与金属离子半径负相关，与金属内部自由电子密度正相关。

电子气理论是描述金属键本质的最简单的理论。该理论把金属键描绘为金属原子脱落下来的价电子形成的遍布整块晶体的"电子气"被所有原子共用，从而把所有的金属原子维系在一起。电子气理论还可以用来解释金属材料良好的延展性：当金属受到外力作用时，晶体中的各原子层就会发生相对滑动，但它不会改变原来的排列方式，而且弥漫在金属原子间的电子气可以起到类似轴承中滚珠之间润滑剂的作用，所以金属具有良好的延展性。当向金属晶体中掺入不同的金属或非金属原子时，就像在滚珠之间掺入了细小而坚硬的沙土或碎石一样，会使这种金属的延展性甚至硬度发生改变，这也是对金属材料形成合金以后性能发生改变的一种比较粗浅的解释。电子气理论还十分形象地用电子气在电场中的定向移动来解释金属良好的导电性，用电子气中的自由电子在热的作用下与金属原子频繁碰撞来解释金属的热导率随温度升高而降低的现象。

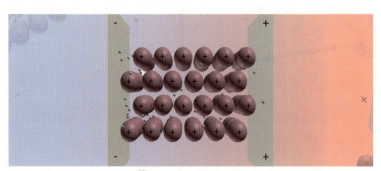

电子气理论

直通竞赛

金属晶体是由金属阳离子与自由电子通过金属键构成的。金属具有较低的电离能，其价电子容易电离，且价轨道数目大于价电子数，故具有空轨道。金属的价电子可以在晶体中自由移动，不专属于某个金属离子而为整个金属晶体所共有。价电子运动于所有原子核之间，形成电子气，而电子气中的电子与金属原子核间的吸引力即为金属键。由于价电子不会固定在特定的原子核，所以当金属两端外接直流电时，金属内自由电子就会以固定的方向移动而造成导电现象。或是在金属局部受热时，自由电子便可经由碰撞而将热能传递至金属的每一部位。因此，金属通常是电和热的良导体。

金属键无方向性，无固定的键能，金属键的强弱和自由电子的多少有关，也和离子半径、电子层结构等其他许多因素有关。由于金属只有少数价电子能用于成键，在形成晶体时，它倾向于构成极为紧密的结构，使每个原子都有尽可能多的相邻原子。金属晶体一般都具有高配位数和紧密堆积结构，这样电子能级可以得到尽可能多的重叠，从而形成金属键。

二、金属晶体的原子堆积模型

金属原子堆积在一起，形成金属晶体。金属原子最外层价电子脱离核的束缚，在晶体中自由移动，形成自由电子，留下的金属阳离子都是满壳层电子结构，电子云呈球状分布，所以金属晶体中的原子可看成直径相等的球体。

等径圆球在一平面上有两种排列方式，分别称为非密置层和密置层，配位数分别为 4 和 6。

(a) 非密置层　　　　　　　　(b) 密置层

金属晶体可看成是由金属原子在三维空间中堆积而成的，金属原子堆积具有如下 4 种基本模型。

1. 简单立方堆积

将非密置层一层一层地在三维空间里堆积，其中的一种堆积方式是将相邻非密置层原子的原子核在同一直线上堆积。

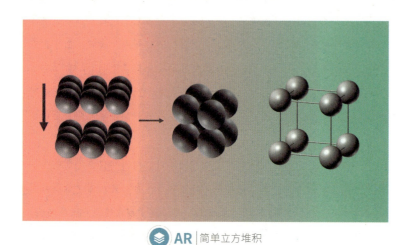

AR｜简单立方堆积

为清晰起见，我们使金属原子不互相接触，以便更好地观察这种堆积的晶胞。

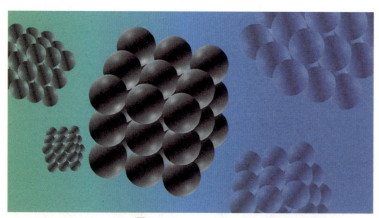

微件｜简单立方堆积

这种堆积方式形成的晶胞是一个立方体，每个晶胞只含 1 个原子，被称为简单立方堆积。这种堆积方式的空间利用率太低，目前只有金属钋（Po）采取这种堆积方式。

2. 体心立方堆积（英文缩写为 fcc，又叫 A2 型）

非密置层的另一种堆积方式是将上层金属原子填入下层金属原子形成的凹穴中，并使非密置层的原子稍稍分离，每层均照此堆积。由于这种堆积方式所得到的晶胞是一个含 2 个原子的立方体，一个原子在立方体的顶点，另一个原子在立方体的中心，因此被称为体心立方堆积，这种堆积方式的空间利用率显然比简单立方堆积的高多了，许多金属采用的均是这种堆积方式，如碱金属。

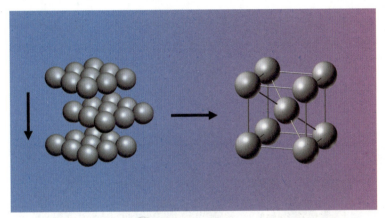

AR | 体心立方堆积

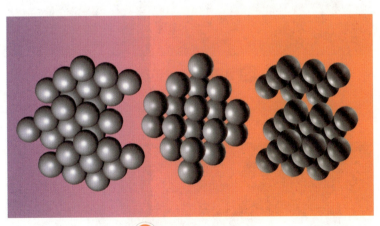

微件 | 体心立方堆积

3. 面心立方最密堆积（英文缩写为 ccp，又叫 A1 型）

最密堆积是原子的一种排列方式，也是晶体结构中的一种点阵形式。在面心立方最密堆积中，许多等径球并置在一起。密置层中相邻的等径球都相切，3 个两两相切的等径球的球心构成一个等边三角形，每个球周围有 6 个球与之相切。球与球之间留下了一些类似三角形的空穴，球数与空穴数之比为 1∶2。多层之间进行叠合时，每一层的球都要嵌入邻层的空穴中。根据每层中球的投影位置不同，密置层可以用 A、B、C 表示。密置层的相对位置只有 3 种。但无论以任何方式叠合，只要每层的球都嵌入邻层空穴中，就都属于最密堆积。三维密堆积中出现了由 4 个球围成的四面体空隙和由 6 个球构成的八面体空隙。面心立方最密堆积的叠合方式是三层一循环：ABCABC⋯，其配位数均为 12，空间利用率为 74%。

AR｜面心立方最密堆积

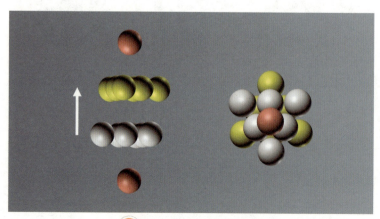

微件｜面心立方最密堆积

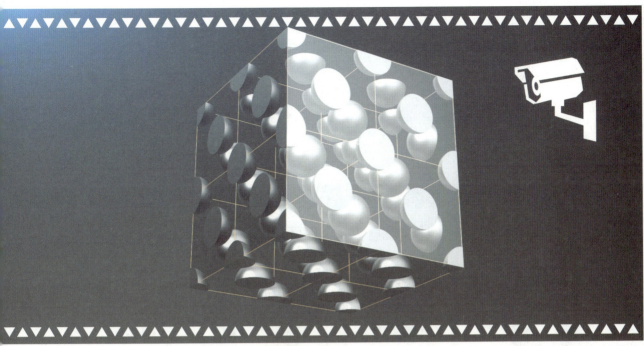

视频 | 晶体的形成过程

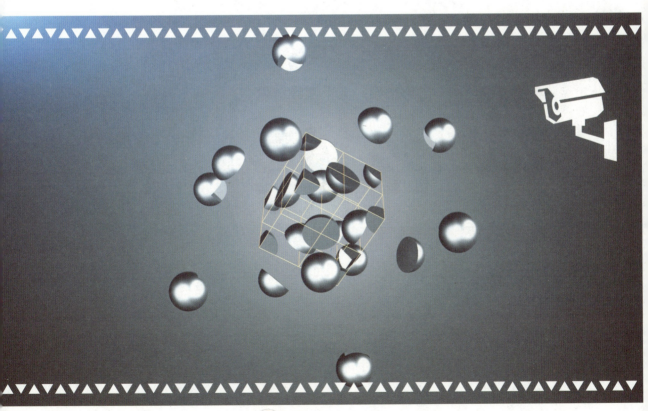

视频 | 晶胞的切割过程

4. 六方最密堆积（英文缩写为 hcp，又叫 A3 型）

六方最密堆积同面心立方最密堆积一样，其配位数均为 12，空间利用率为 74%，但所得晶胞的形式不同。六方最密堆积的叠合方式是两层一循环：ABAB…。在取晶胞时，一般取六方锥的三分之一，其晶胞属六方晶系，底面菱形的锐角一定是 60°。下图是六方最密堆积的原子在一个六方锥内的排列。

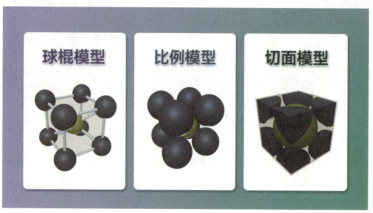

AR | 六方最密堆积

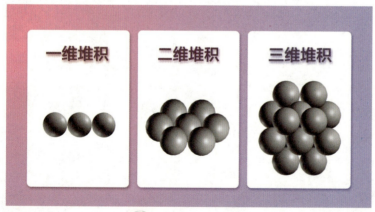

微件 | 六方最密堆积

金属晶体原子空间利用率的计算

原子空间利用率是指金属原子在整个晶体空间中所占有的体积百分比。可用数学表达式表述为

空间利用率＝球体积／晶胞体积×100%

1. 计算晶胞中的微粒数

对于立方晶胞而言，顶点为 1/8，面心为 1/2，棱心为 1/4。

2. 计算晶胞的体积

任意晶胞的体积计算为

$$V = abc\sqrt{1 - \cos^2\alpha - \cos^2\beta - \cos^2\gamma + 2\cos\alpha \cdot \cos\beta \cdot \cos\gamma}$$

3. 计算原子空间利用率

（1）简单立方晶胞

原子位于立方体顶点，其微粒数 = 8 × (1/8) = 1。

原子空间利用率 = $(4\pi r^3/3)/V \times 100\%$ = $(4\pi r^3/3)/(2r)^3 \times 100\%$ ≈ 52.36%。

（2）体心立方晶胞

体心立方晶胞中各数量关系为：

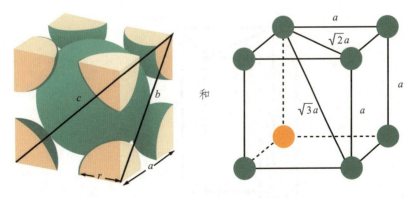

晶胞顶点处有 8 个原子，体心处有 1 个原子，即一个晶胞所含的原子数 = 8 × (1/8) +1=2。

设晶胞的边长为 a，金属原子的半径为 r，则晶胞对角线长为 $c=4r$, $4r = \sqrt{3}a$, $a=4r/\sqrt{3}$。体心立方晶胞的原子空间利用率为 $(2 \times 4\pi r^3/3)/a^3 \times 100\%$ ≈ 68.02%。

（3）面心立方晶胞

面心立方晶胞中，金属原子占据了8个顶点和6个面心，其原子个数 =8×(1/8)+6×(1/2)=4。

将晶胞画成平面形式为：

其数量关系为：

根据立体几何可知 $4r=\sqrt{2}a$，即 $a=2\sqrt{2}r$，因此立方晶胞的体积 $V=a^3=(2\sqrt{2}r)^3$。

由于每个面心立方晶胞中实际存在4个金属原子，则金属原子的体积 $=4×4\pi r^3/3$，因此原子空间利用率 $=(4×4\pi r^3/3)/(2×\sqrt{2}r)^3×100\%≈74.05\%$。

（4）六方晶胞

六方最密堆积晶胞可表示为：

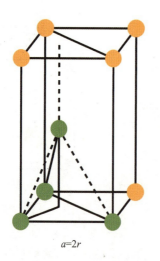

$a=2r$

画成立方晶胞为：

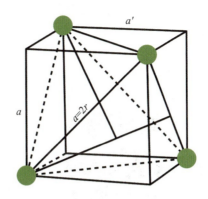

上图中的四点构成正四面体，且四点间的夹角均为60°。

在六方最密堆积中取出六方晶胞，其平行六面体的底是平行四边形，各边长 $a=2r$，因此平行四边形的面积 $S=a\times a\sin 60°=\sqrt{3}a^2/2$。

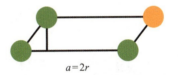

平行六面体的高 $h=2\times$ 边长为 a 的四面体的高 $=2\times\sqrt{6}a/3$。

因此，晶胞体积 $V_{晶胞}=S\times h=\sqrt{3}a^2/2\times 2\times\sqrt{6}a/3=\sqrt{2}a^3=8\sqrt{2}r^3$。

六方晶胞中有 2 个金属原子，即 $V_{球}=2\times 4\pi r^3/3$，因此六方最密堆积晶胞的原子空间利用率为 $V_{球}/V_{晶胞}=(2\times 4\pi r^3/3)/(8\sqrt{2}r^3)\times 100\%\approx 74.05\%$。

科学视野

混合晶体

石墨不同于金刚石，它的碳原子是通过 sp^2 方式杂化形成平面六元环结构。因此，石墨晶体是层状结构，层内的碳原子核间距为 142 pm，层间距为 335 pm，说明层间没有化学键，是靠范德华力维系的。在石墨的二维结构内，每个碳原子的配位数为 3，有一个未参加杂化的 2p 电子，它的原子轨道垂直于碳原子平面。

由于所有的 p 轨道相互平行而且相互重叠，使 p 轨道中的电子可在整个碳原子平面中运动。因此，石墨像金属一样有金属键，具有导电性，而且，由于相邻碳原子平面之间相隔较远，电子不能从一个平面跳跃到另一个平面，所以石墨的导电性只能沿石墨平面的方向。总之，石墨晶体中既有共价键，又有金属键，还有范德华力，不能简单地归属于其中任何一种晶体，它是一种混合晶体。

AR | 石墨结构模型

视频 | 石墨结构